凱信企管

用對的方法充實自己，
讓人生變得更美好！

凱信企管

用對的方法充實自己，
讓人生變得更美好！

凱信企管

用對的方法充實自己，
讓人生變得更美好！

凱信企管

用對的方法充實自己，
讓人生變得更美好！

雪梨Sydney

阿德萊德

親子玩澳洲

Phillip Island

無尾熊保護區

Dandenong Puffing Billy小火車

交通安排＋行程規劃＋自駕樂趣，
一家四口，精彩澳遊15天，20萬元有找

鐘乳石洞
Buchan Caves

跟著小陸媽媽
「哇澳，旅行去」

　　「哇澳，旅行去！陪孩子在遊樂中成長」是小陸媽媽的旅行故事。書中完整分享他們一家四口15天澳洲自助旅行的經驗，從起心動念、規劃準備、實地旅行歷程到回家之後。內容除了將旅行計畫的各種實作要領詳細說明給讀者參考之外，實際踏上澳洲大陸在地旅遊，每一天的實況報導，讀起來更是饒有興味。跟著他們旅行，領會澳洲景觀人文，觀看旅途中一家四口的異地生活演出，無論是吃喝玩樂的喜悅或疲憊憂慮的焦躁，家人之間的互動，共同面臨的挑戰，那喜樂困頓的每一幕，透過圖像與對白的呈現，內心戲的立體描繪，都讓讀者感同身受。而這些精彩的旅行故事，其實大多是你我再熟悉不過的日常生活情節，讀來心領意會。

　　旅行是這個時代許多人實踐生活風格的展現。離家去旅行猶如生活中穿插的重要事件（events）場合，為這個事件，你需要在日常生活中勻出時間、金錢與心力，然後從日常生活軌道拉出支線繼續運轉，短暫時間之後再接回原來的日常；可能是不太一樣的日常。一家人的旅行是時空壓縮下的生活實踐。平時工作、上學，各就各位的夫妻小孩一起旅行，在同一部車上，旅邸中24小時緊密相伴，時時刻刻在一起，彼此的目光不曾分離，彼此的動靜都在眼裡，共同經驗旅途中的驚、喜、苦、樂。在親近密切的日夜相處中，每個人都有慾望、有喜好、有情緒、如何對話調節彼此，既是考驗，也是提供夫妻、親子、手足之間，重新觀看、理解、辨識，進而溝通、包容彼此的學習機會。一家人的異地生活面貌在陸昕慈生動描繪下，這家人的日常生活風貌躍然紙上，也同時看到他們自由開放，勇氣十足的生活風格在旅途中充分展現。

　　旅行也是一個學習的歷程。那些風土人情、景觀事物的新鮮體驗，已充滿感官與心靈的經驗學習。更特別的是，小陸媽媽發揮她在學校教學的本事，為這次的旅行主題訂為「親子成長夏令營」，並給女兒設定學習目標，希望她們從實地體驗澳洲的經驗學習中養成寫日記的習慣。目標確定，旅行前準備工作就不只是爸爸或媽媽的事，一家人的閱讀和生活關注納入認識澳洲，行程規劃也讓孩子參與意見。行前，媽媽還特地帶著小朋友設計、手作各自的「澳洲旅行日記本」，一點一滴，一步一步陪伴引導，讓孩子對即將到來的旅行有更多的想像與期待。由於預習（pre-learning, previewing）的心理建構是有效學習的要件，小陸媽媽行前準備的細膩佈局創造出可能性，促使孩子在旅途中自然的努力書寫；旅行歸來，兩本旅行日記成為全家最珍惜的寶貝，讓兩個女兒獲得意義與成就感。學習結果相當令人滿意。

　　昕慈一家的澳洲自助旅行，從發想、蒐集、研讀、討論、規劃成局、準備到實地旅行，乃至於最後全家一起整理旅行照片的反思，猶如規劃完整到實踐的創作計畫（project），而這本書是創作成果。小陸媽媽書寫旅行故事，體現她系統化組織思考、熱情、勇氣與行動力。旅行不僅需要清楚的目標，精打細算的能力，更需要「迷路也有好風景」的正念思考能量。父母親的價值理念與生活態度在親子旅行的時空中具有重大的意義。閱讀小陸媽媽家的「哇澳，旅行去！陪孩子在遊樂中成長」，我們可以參考卻不容易也不需要複製，我們可以從他們的故事，發想、連結，創造我們家自己的旅行故事。

吳慎慎

2017年5月

（國立臺北藝術大學名譽教授）

推薦序

和孩子一起創造
共遊的獨特精彩

　　唸北藝大戲劇系的時候，白天上課晚上排戲，每天都睡眠不足，在這種忙碌的生活中，有個同學跟我一樣，硬是要擠出時間去接校外的案子，那傢伙就是陸。後來我們都進了Yoyo TV，我當瘋狂博士，她當某某姐姐，工作結束後視美食為療癒的我們便會相約吃吃喝喝，瞎聊為什麼我沒女朋友或者誰好正、誰比誰更正之類的……然後陸會唸我幾句，像媽一樣。沒想到，很快的她真的去當媽了……

　　十幾年的老友，我們已和當年完全不同，卻各自走在心中美好的道路上。

　　旅行，是生命中重要的事。每一個踩過的地方、品嚐的味道都會化為身體裡的一部分，留在生命歷程中。帶著年幼的孩子飛出去長途自助旅行，想到就很累，但可以想見也會充滿親子共遊獨特的精彩。

　　我的大學同學即將出版第一本親子旅遊書，從行前導讀、行程規劃、預算控制、教育活動安排，到帶孩子出國該注意的各種小細節都有詳細介紹，寓教於樂的旅行故事，更能觸發在玩樂之外的多元思考，是規劃親子旅遊的實用書籍。

　　推薦給想嘗試親子自助旅行卻還在猶豫的您，走吧！帶孩子一起創造屬於你們的旅行記憶！

老酒飯友

「流水無毒，溜人無惡」
──愛旅行的小孩不會變壞

　　謝謝陸老師對我的抬愛將我列入推薦人之一，漁夫是江湖走唱者，鄉間野人，實在不敢當，但是非常開心！

　　「愛旅行的小孩不會變壞」，很有道理，我也相信，臺灣古早一句諺語：「流水無毒，溜人無惡」，意思說流通活水，不可能有毒，溜來溜去，行萬里路的人，見過世面的人，不可能做出無理的惡事，這兩句臺灣諺語，可以驗證旅遊親情教育是正確的。

　　陸老師是我故鄉土城仔（鹿耳門古港道）的好媳婦，說真的，在故鄉那種荒涼的漁村，誰做夢也想不到哪個家庭能夠娶到一個在大學教書的老師！啊，陸老師您下嫁海口的土城子，讓土城子發光發熱，今天，陸老師又體驗旅遊親子教育的重要，喔！我身為土城子的一份子，怎麼能不高興歡呼呢？

　　在此，預祝陸老師新書暢銷，同時能帶動臺灣的「旅遊親子教育」風潮，為臺灣未來主人翁打開一扇窗，讓世界看見臺灣，讓臺灣擁抱世界。

鹿耳門漁夫
公元2017年5月6日 撰於臺南量餘居

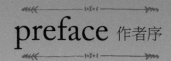

preface 作者序

「愛旅行的家庭感情最好；
愛旅行的小孩不會變壞」

當種子發芽，小藤蔓攀結成周密的網，孩子也將養成體驗世界的習慣，學會周全規劃的思考邏輯，不怕挫折、勇於冒險，開出充滿勇氣、信心與正向能量的花朵！

如果要你回憶最難忘的童年時光，立刻浮上腦海的畫面，會是什麼？

我閉上眼，搜索幼年的記憶……幾乎都是跟家人旅行的點點滴滴。

和家人一起搭公車到兒童樂園玩、在某個旅館窗外看見螢火蟲漫天飛舞、因為迷路而把三條山路都各爬一次的十三小時爆累登山日、爬山後溫暖的竹筍湯與茶油麵線、在分岔路口全家人拿著地圖各執己見、破舊的老爺車拋錨在高速公路上並且尿急不已……許多令人莞爾的畫面一一浮上眼前，有歡笑、有淚水、有爭執，還有滿滿的愛。時間、地點或許已模糊，但那些和家人緊緊牽繫的片刻卻鑄刻在腦海，歷久彌新。

幼年時期形成的心理狀態，容易反應在成長後的人格之中，無論負面或正面的記憶，對於未來發展都有密切影響。我始終記得年幼時牽著爸媽的手，在起伏的泥土小徑間跳躍、觀察被前人踩踏出光澤的樹根纏繞岩塊與苔癬、山林間土地的氣味、樹木的觸感、繽紛的花草與蝶……走著走著，偶爾會鑽出山道遇見柏油路，我不喜歡柏油路沒有驚喜的平坦，更討厭它被太陽曬過後的人工氣味。這時，爸爸會說：「難走的路，風景比較好」。然後牽著我的手鑽回山林小徑。

「難走的路，風景比較好。」

這句話埋在小小的心靈，影響我的人生，而旅行的種子，更深深植進我心底深處。

長大之後，旅行變成習慣，國中開始幫家人計畫旅行，成年後練習出國自助旅行，連大學時代班上的畢業旅行，都不假手旅行社自己攬下來安排並且大受好評……在二三十年前網路不發達的時代（噓！幹嘛暴露年紀），這可不是容易的事，我卻樂此不疲。我想，旅行的種子一旦萌芽，就會成為一種技能、一種生活態度，愛好自由、嚮往接觸新奇事物的天性、對生活的美感品味開關……也會一一被打開。

　　結婚生子後，不再能像單身時說走就走，為了符合小資家庭的旅行需求，「物超所值」、「價廉物美」、「安全衛生」、「豐富有內涵」、「寓教於樂」成為設計行程的主要考量。比起讀名校、補習、安親或才藝，**「帶孩子旅行」對我而言是比學業更重要的事**。

　　看得多、走得遠，世界才會大。
　　養分足，小樹苗自然長得高，心田寬，枝枒自然伸得廣。
　　所以，儘管再忙、再累、再窮，都要旅行。
　　如果你是一個人，那無須遲疑，出發吧！
　　如果你有一個家，那更不要猶豫，帶著家人冒險去！旅行不只是給孩子的福利，更是父母辛勤為家人付出而應得的禮物，你說是不是？

　　大膽的計畫一個自助旅行吧！
　　唯有經過自己買機票、訂住宿、研究行程、規劃食衣住行育樂……這些過程，才能體會自助旅行的意義；唯有脫離團體，用自己的意志來導航，才能看見城市的細節、挖掘每個國家的美好、真正認識這個世界！
　　當訂下機票的那一刻，你會發現，心已開始雀躍飛翔，飛向未知而寬廣的未來……
　　Let's go！

contents 目錄

♥ 小陸媽咪的心理建設

千萬別讓「日常的小火車」無止盡的消耗我們對生活的熱情，偶爾，小火車也要出軌一下，才能重燃我們對生命的喜愛！

♥ 行前導讀－發現精彩澳洲！

要適合親子，交通方便，有動物、有風景（有美酒更好）⋯⋯那就是⋯⋯澳洲囉！

第一章

行前規劃，從什麼都不懂開始

買機票、安排行程⋯⋯能完整安排最好；但計畫之外的變化，有時會比計畫本身還精彩。旅行也是這個道理，迷路，也有好風景。

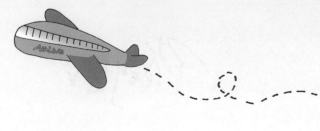

第二章

飛吧！澳洲

終於要踏上南半球的這一端了～～寶貝們，睜大雙眼，讓我們用不同的
視角，看見地球的每個美麗片刻。

第三章

哇「澳」番外篇 ── 澳洲的食、衣、住、行、育樂全攻略

儘管澳洲的民生消費比臺灣高，但只要事先蒐集情報、善用資源，以及
好用的一些小撇步，都能讓自助旅行的品質更升級哦！

最終章

澳洲之後 ── 旅行的意義

旅行，除了發現異國的美好，其實也在學習珍惜自己的家園。

附錄

澳洲人友善隨和，但有些禁忌，千萬碰不得！

精彩澳遊15天，
好玩景點地圖索引

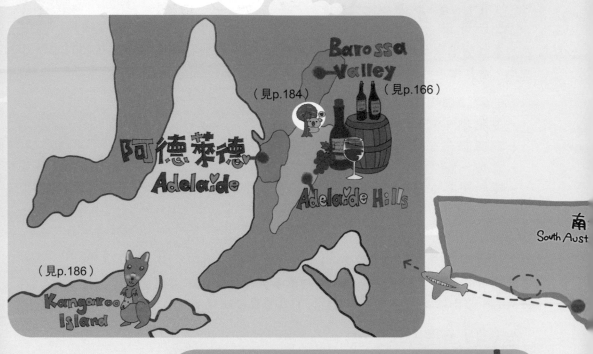

（見p.184）

Barossa
Valley （見p.166）

阿德萊德
Adelaide

Adelaide Hills

南
South Aust

（見p.186）

Kangaroo
Island

雅拉河谷
Yarra Valley
（見p.118）

墨爾本 Melbourne

Dandenong Puffing Billy 小火車
（見p.108）

Port
Phillip

Phillip Island
（見p.094）

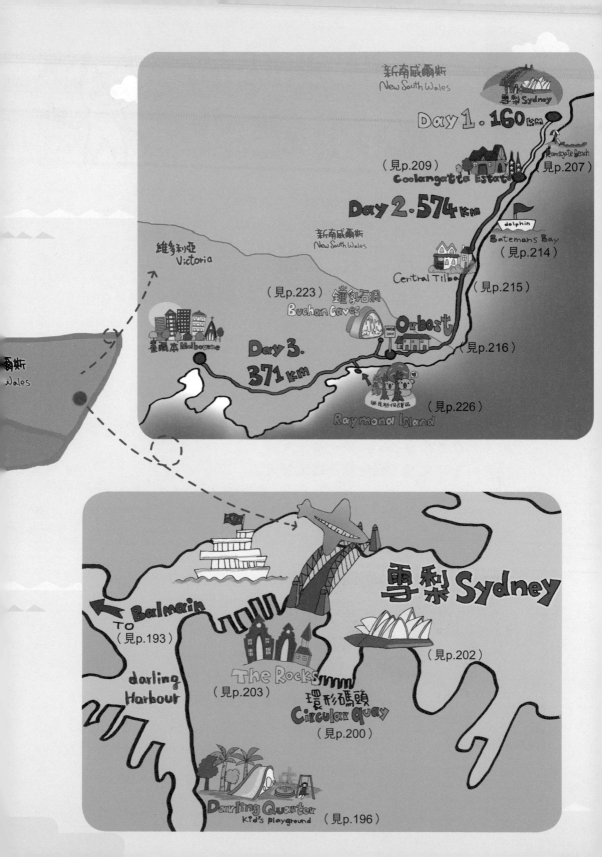

小陸媽咪的 心理建設

 致辛苦的母親：
「旅行」就從「衝動」開始！

如果說「女人」是「水」做的，那麼「母親」則是「水泥」做的。
還記得第一天正式為人母的心情……

「這個好小好小的小寶寶，就是住在我身體裡的小生命嗎？」
「為什麼長得像沒毛的猴子？」
「為什麼生完了，我的肚子還這麼大？」

手忙腳亂地抱起軟趴趴的嬰孩，相較於開心歡喜的成份，緊張害怕的心情還多一些……

▲昔日流著口水牙牙學語的小嬰兒，一轉眼就成了亭亭玉立的小少女

這麼軟怎麼照顧？為什麼一直哭？
為什麼不乖乖喝奶？
為什麼吃這麼少，吃完還吐？
大便為什麼這麼多？
屁股為什麼這麼紅？
擠奶為什麼這麼痛？
壓抑著各種疑惑與恐懼，忍著想把孩子塞回肚裡的衝動，無法逃避，只能開始學習成為母親。

　　懷孕生子的辛勞還沒回復，生活又被嬰兒填滿。新手媽咪最幸福的時光就是寶寶安穩入睡的那一刻，天使般粉嫩的小臉，平穩起伏的呼吸……

「這是我的心肝寶貝噢！」

　　心裡這麼想，滿滿的喜樂。但，寶寶忽然嘴角一扁、眉頭一皺，大哭驚醒，天使一秒變惡魔，幸福媽咪又變成手忙腳亂餵奶換尿布的黃臉婆。日子就在這難以平衡的反覆裡度過，為了孩子，必須放棄太多以前的興趣，為了孩子，生活必須更加規律、更加努力，為了支撐起一個「家庭」，我，不再是我自己。

　　「母親」已經超級難為，傳統「男主外女主內」的觀念跟不上飆漲的物價，要工作又要當個好媽咪，難上加難。處理不完的公事、柴米油鹽醬醋茶包圍的日子，成為生活的常態。工作→家庭→工作→家庭……乘著「日常」的小火車，照軌道運行，每兜一圈，父母老了一點，孩子大了一點，乍看之下沒什麼變化，卻在不自覺中陷入泥淖，以肉眼看不見的緩慢速度下沉著，創造力一點一滴被削弱，壓力在沉默裡累積。日復一日，年復一年……

　　千萬別讓「日常的小火車」無止盡的消耗我們的熱情！
　　偶爾，小火車也要出軌一下，才能重燃我們對生命的喜愛，「旅行」就從「衝動」開始！

▲中國水鄉搭烏篷船遊小鎮

▲和最愛的家人一起
牽手看世界

▲國外旅行和國內旅行相
比，會給予孩子更寬廣的
國際觀

 親子自助旅行Q&A

Q1: 麵包與旅行，哪一個重要？

A: 工作與玩樂，當然是工作優先，錢不是萬能，但沒錢萬萬不能！只不過「賺錢有數，性命愛顧」，這句台語俗諺是不是也提醒我們，該在繁忙的家庭與工作外，尋找豐富自己生命的方法？（哈！這句話明明不是這個意思。）我常常身兼好幾份工作，偶爾會出現累到無力、對一切失去衝勁的時刻。此時我會逛逛旅遊網站，想想哪裡好玩，甚至看看廉航的機票……稍微轉換一下心情，把希望寄託在尚未成行的旅途上，就算做做白日夢也好，**有期待就有動力，工作效率也會因為這股力量而重新點燃、加速前進。**

Q2: 我忙翻了，哪有辦法出國旅行？

A: 很多人都會擔心太多，忙碌的家庭生活、工作壓力、孩子的課業……怎麼可能就這樣放下一切出門十天半個月？其實，沒有你不會死！

當你真的心一橫、買了機票飛出國去，你會發現世界少了你還是會繼續轉動，而且回來以後，大家會更珍惜你（因為，你不在的時候真的好忙啊～原來你要做這麼多事？）累積的假可能少了一點，薪水可能被扣了一點，孩子的成績可能落後一點，家裡亂了一點，但那又怎樣？你得到的回憶，比這些加起來都還多很多！

▲印尼小島的大象清道夫認真打掃落葉

Q3: 孩子幾歲開始適合出國？

A: 其實想帶孩子旅行，幾歲都不是問題！但如果想計畫一個寓教於樂的親子之旅，希望大人小孩都留下豐富的回憶，那建議要等孩子三歲以上，才是好時機。應該很少人喜歡花了機票錢、住宿費，卻被嬰孩綁住，無法好好享受異國的風景的感覺吧？所以我選擇在孩子可以自主行走、理解世事後才帶他們出國，我們家第一次全家出國自助旅行是在大女兒五歲，小女兒四歲時，至今已經三年多，女兒們到現在都還說得出旅行的回憶，很值得喔！

▼2014年的孩子們還只能揹小背包跟在爸媽屁股後

▼2016年的孩子們已經可以自己拉行李走在爸媽前頭

◀ 時光飛逝，也許下次旅行，孩子就不願意讓爸媽推著走了。每段旅行都是生命珍貴的記錄。

Q4: 什麼時候是計畫親子旅行的好時機？

A: 親子出國，如果不想只是蜻蜓點水、飛出去又趕著飛回來，「寒、暑假」當然是較好的選擇。寒暑假機票雖然比淡季略貴，卻比「年假」或「連假」便宜許多，而國定假日較少的「暑假」又比寒假價格更划算、時間更充裕，有較大的彈性安排行程。雖然父母沒有暑假，但「衝動」必須要天時、地利、人和，五月開始訂票訂房（順便預先請假），六月仔細規畫行程，七、八月趁著暑假旅行去，一切剛剛好！因此，「五月」正是規畫「暑假旅行」最好的時間點。

時間差不多了！趕快開始你的旅行計畫吧！

Q5: 自助&跟團比一比：為什麼要自助旅行？

A: 「帶小孩出國，還是跟團好了，輕鬆又安全。」或許很多家長會這麼想，但我真心建議試試「自助旅行」。跟著旅行團走，雖然很簡單，不需要動腦，但同時減低了教育意義，減低了與外國文化直接交流的機會。沒有自主權、不能做決定，只能服從、缺乏冒險，這樣的旅行不是少了許多趣味嗎？

自助旅行，才是真正的旅行。

因為，從買機票、安排行程開始，你的心就徜徉於雲端，你會跟家人討論、分享可以去的地方，共同規畫行程，旅行的趣味無形中延長好多。也許自助旅行能到達的景點比較少？旅館可能踩到地雷？移動的

方式較困難？但對於異國的體驗深度絕對是旅行團及不上的。過程中種種困難與驚喜，也才能深深留在記憶裡。

Q6: 如何跨出自助旅行的第一步？

A:「訂就對了！」機票訂下去，生米煮成熟飯就非去不可！

什麼？這建議太不負責任？

可是，「想太多」就是自助旅行最大的絆腳石。

其實自助旅行一點也不難，只要不小心手滑買了機票，現實的壓力就會逼著你開始訂房、找景點、排行程。在這個資訊爆炸的時代，在家動動手指就可以帶家人環遊世界！沒有人一開始就會當爸媽，也沒有人天生就是旅行家，但，每個人都可以擁有模範家庭，成為自助旅行達人，只要你願意給自己機會去嘗試！

Q7: 帶小孩出國自助旅行，很危險吧？

A: 會不會很累？會不會水土不服？會不會走失？會不會……

想到要帶寶貝出國，父母腦子裡一定有滿滿的問號和擔心。事實上，上述所有的問題答案都可能是肯定的，但，如果真要擔心，大概就只能一輩子窩居在家裡。危險無所不在，坐捷運可能會被砍、坐火車可能會被炸，就算坐在家裡都可能會有車撞進來……「擔心」，不能說是多餘的，但別讓「恐懼」成為拒絕旅行的藉口。

帶小孩自助旅行，其實就跟平常假日帶孩子去郊外踏青的狀況沒什麼兩樣！不要事事計較、事事緊張，爸媽放輕鬆，孩子更能學習獨立、學習長大。

親子旅行也許比單身旅行辛苦一些些，但身為父母，看到孩子行為受到外在環境影響而跟著改變、成長，那種感動很難用金錢或言語衡量。「家人」緊緊牽繫、相互依存的親密關係，正是親子旅行最珍貴的意義。

Q8: 我英文很爛，怎麼辦？

A: 我的英文也不好！所以剛開始自助旅行多選擇亞洲，日本有漢字很簡單，新加坡通華語很方便，東南亞人熱情好溝通……但這次到澳洲，**發現只要做好完善的旅行計畫，破英文嘛A通！** 澳洲有非常多華人，各個旅遊景點也多有中文導覽，Google Map導航可以免去問路迷路之苦，就算語言不同，比手畫腳雞同鴨講還是可以溝通，除了Hello、Thank you、I'm sorry之外，微笑是最好的國際語言！

建議英文不好的家庭可以先從亞洲玩起，累積經驗再慢慢去更遠的地方，不論去哪裡，只要全家在一起，都會遇見有趣的文化衝擊！ 但也請務必謹記，隨時注意禮貌、遵守各國規範，為台灣做好國民外交。

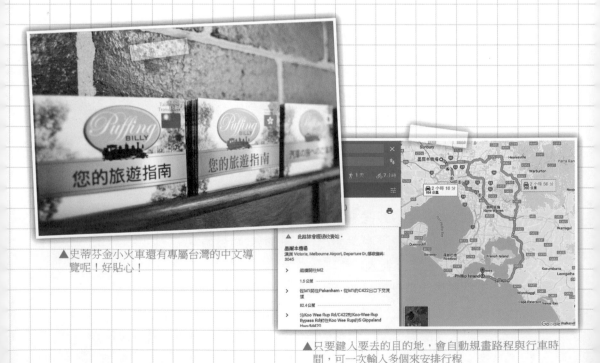

▲史蒂芬金小火車還有專屬台灣的中文導覽呢！好貼心！

▲只要鍵入要去的目的地，會自動規畫路程與行車時間，可一次輸入多個來安排行程

旅行，是為了走更長遠的路...

Q9:一家人自助旅行要花多少錢？地點如何選擇？如何規畫行程？怎麼找住宿？孩子生病怎麼辦？如何行前溝通？夫妻出國會不會容易吵架？還有好多好多問題想問……

A:放心，父母擔心的問題或想知道的內容，本書將用許多實際操作與經歷為大家做詳細的說明！

旅行並不一定要花大錢。

該如何控制預算？如何行前準備？如何寓教於樂？接下來，會一一和大家分享。我們這個普普通通的小資家庭做得到，你們可以做的比我們更好！歡迎跟著我們一起計畫旅行，分享父母在旅行過程遇到的問題，也希望很快就換你們踏上快樂親子之旅！

發現精彩澳洲！

澳大利亞（Australia），我們通常稱作「澳洲」，是全球面積第六大的國家，擁有溫和氣候、陽光海濱、熱帶雨林及沙漠，自然景觀豐富多樣，坐擁大量天然資源、地廣人稀、商業繁盛，成就經濟與生活高度發達的現況。除了被瑞士信貸集團列為「世界財富中值最高」的國家，也在多項生活指數如健康、教育、經濟、政治權利中名列前茅，可謂極為宜居的國家。

但，我們決定去澳洲的原因，是因為這些官方數據嗎？NO！其實，是因為女兒隨口的一句話……

「媽媽，暑假好熱，有沒有辦法去冷的地方旅行？」

冷的地方？七、八月會冷……就只有南半球囉！還要適合親子、交通方便、有動物、有風景（有美酒更好）……那就是………
澳洲囉！

選擇澳洲出發的四大理由？

一、氣候相反真神奇，八月避暑去！

近年來夏天愈來愈長、愈來愈熱，為了地球，應該盡量少開冷氣，但是，有小孩的家庭都知道，不開冷氣幾乎是不可能任務！尤其大女兒是台灣話說的「燒肉底」，非常怕熱，夏天隨時都滿頭大汗，如果能在褥暑享受冷颼颼的天氣，就好像掉進天然冷氣房一樣幸福。既然如此，氣候與台灣相反的南半球，想必很適合闔家同遊，而八月均溫約十五度、氣候冷涼舒適的澳洲，成為暑假旅行首選。（但澳洲的旅遊旺季其實是十二月到二月的夏天，也很適合在我們的寒假拜訪喔！）

二、機票價格頗合理，廉航超便宜！

或許是因為打工渡假的盛行，「台灣飛澳洲」可以算是熱門航線，航班多、票價低，一般大型航空公司最低可找到兩萬元左右的來回機票，我們更在「酷航週二特惠」時找到一萬兩千元的低價票，一家四口來回機票五萬元有找！機票如果能省一點，就有更多預算可以花在吃喝玩樂上囉！

三、平平安安親子行，安全擺第一

自助旅行需要事前完成大多數的預訂，許多訂房、訂車、訂票的資訊都是透過網路，勢必需要一個品質穩定、信用度高的國家，比較不會吃悶虧。帶著年幼的孩子，更要注意安全，澳洲的治安良好、交通順暢、環境友善、食物飲水乾淨，可以帶著輕鬆的心情進行長程旅行。

四、百變澳洲特色多，大小都開心

澳洲不但有令人心曠神怡的自然美景，更是動物天堂，除了豢養在草原上的牛羊馬匹之外，無尾熊、袋鼠、草泥馬、梅花鹿、鸚鵡、海鳥……等等可愛動物時常可見，還有許多企鵝公園、野生動物園，就像一座大自然教室，隨時可以給孩子一堂精彩的戶外教學。

看膩了森林與草原，可以來到先進的都市逛街購物，可以前往陽光海灘享受碧海藍天，還可以在酒莊裡尋覓歲月浸潤的佳釀，大人小孩都能各取所需、盡情領略澳洲百變風貌。

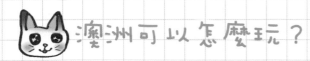

澳洲可以怎麼玩？

　　國土面積極大的澳洲，值得停留的地方玩一年也玩不完！ 所以，玩樂的重點應該兼顧孩子的喜好、大人的興趣與澳洲獨特的人文風土，為自己打造獨一無二的親子自助旅行吧！

─城市─
遍覽大城時尚風貌

- 漫步雪梨歌劇院，眺望雪梨大橋風景，在經典建築前感受城市的多元
- 搭乘墨爾本免費古董電車漫遊城市，體驗交織古典與現代的人文薈萃

澳洲國內廉航機票很便宜，可以用搭飛機的方式，多選擇一些大城市停留，認識廣大國土的各種風情。

—鄉村—
住進大自然，享受巧遇的樂趣

· 來去鄉下住一晚，感受澳洲的自然風土

如果能入住酒莊更棒！在葡萄園裡享受優雅氛圍、淺嚐美酒是人生樂事！

· 不要錯過路上令你眼睛一亮的鄉村餐館！

計畫之外的巧遇往往會遇到意外的驚喜，鄉村大媽的手工料理總是溫暖
而美味，也是一輩子一次的神奇緣分……

—動物—
孩子的最愛！動物天堂！

· 近距離接觸袋鼠：

很多野生動物園、山林甚至路邊都可以親近袋鼠，但是請勿撫摸野生袋鼠，可能會被袋鼠的拳擊海K喔！

· 慵懶的無尾熊：

部分動物園有無尾熊抱抱的活動，還有不少祕密景點有野生無尾熊，趕快抬頭尋找灰色的可愛身影吧！

· 滿山遍野的牛羊馬匹：

鄉間路上隨處可見，數以百計的牛羊群會讓都市小孩尖叫不已，運氣好還可以遇見草泥馬或雄壯的駿馬呢！

―育樂―
邊玩邊拍，邊玩邊學，親子回憶滿分！

多選一些很適合拍照又兼顧教育意義的美麗景點，留下美好的旅行照片，知名的墨爾本彩色小屋、史蒂芬金蒸汽火車，甚至冷門的布坎山鐘乳石洞、國家公園都是好選擇！如果能找個悠閒午後，到公園的草地或雪白的沙灘上野餐，在澳洲暖陽的照耀下享受天倫之樂，就更棒囉！

 趕快親自去澳洲尋找
專屬於你的祕密景點吧！

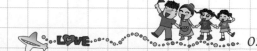

第一章
行前規畫，
從什麼都不懂開始

第一章 行前規畫，從什麼都不懂開始

規畫行程之前：
酸甜苦辣都是不能錯過的好滋味

　　從小，我就是父親的「假日踏青諮詢顧問」。在國小的時候，我可以頭頭是道地描述我想去什麼地方、做什麼事，也會用他曾帶我去過的旅行經驗反饋給他，例如：「想去高雄觀音山爬攀岩繩索」、「想去屏東多納溯溪吃竹筒飯」、「想去甲仙玩水吃芋仔冰」、「想去三民鄉（現在的那瑪夏）看小朋友跳舞」……這些都是老爸曾帶我們去過的好地方，而每一次絞盡腦汁搜索記憶庫、計畫想去的地點，心也隨著回憶雀躍不已。

　　那是個沒有網路的時代，父親買了幾本旅遊地圖，我們開心地翻閱書上的照片、決定地點後就帶著地圖往陌生的城鎮出發。那時候也因為沒有導航所以常常迷路，全家坐在車上抱怨、吵架、研究地圖，塞在高速公路回不了家、下了省道又不知道怎麼走的回憶，現在想起來反而是令人莞爾的美好親子時光。

　　那些年，只有一條中山高，每到交通尖峰時間，高速公路動輒大塞，車道變成大型停車場，許多駕駛人甚至會走下車納涼、互相寒暄聊天，性急的老爸總說「乾脆下交流道開省道好了！」而我會大聲附議。媽咪通常站在反對的一方：

「不要啦，每次下去都開更久！」但是兩票對一票（我家的弟弟年紀小不敢出聲），老爸就在我的慫恿之下離開高速公路，開始進入迷路模式，把原本兩小時的車程折騰了四五個小時還到不了家。

其實……這是我最喜歡的時刻！

在陌生的鄉野小路亂竄，在沒去過的都市裡兜圈子，偶爾發現大排長龍的麵店或冰店，停車吃點東西再上路，偶爾遇到吸引人的景點或公園，全家一起下來走走散步……

對我來說，計畫之外的計畫，常常比計畫本身還精彩。還好我有一對很開明、贊同我天馬行空跳躍思考的父母。「迷路就迷路，一點關係也沒有。」這個觀念也為我的人生建立一個安全軟墊：不害怕失敗。

我的其中一個職業是老師，看到太多的家長要求孩子不要犯錯，甚至為了不犯錯而不停「告訴」孩子該怎麼做，孩子不敢迷路、害怕失敗，養成凡事有疑問都想問人怎麼做，而不敢自己思考的習慣。這是台灣孩子常見的問題，但是，我想說……
請多練習失敗！讓孩子接受挫折，才能養成足夠的勇氣面對挑戰！

旅行也是這個道理，完整安排行程當然很好，但是，迷路，也有好風景。用這樣的心情為旅行做規畫，多聽聽家人與孩子的意見與想法，溝通、討論，然後放手去做、別想太多，就可以寬心看待旅程中一切的插曲，酸甜苦辣俱全，才有滋味。

準備出發！親子共遊該怎麼安排？

　　帶著小寶貝們，一定要比單身旅行花更多心思、更周全的安排才行。「迷路也有好風景」是建立在「回的了旅館」以及「知道下一步的大方向要去哪」這樣的狀態之中，倘若真的帶著孩子在異國茫然地流落街頭，那可不好玩！不過呢，得失心不需太重，當計畫趕不上變化時，請以正向思考取代互相責怪或謾罵。

　　「但是…自助旅行好複雜…該先查資料，還是先想地點？先從哪一步開始？」

　　來來來，請看！

倒數60天行動時間表

　　自助旅行成功三大要素：**提前預訂+用心規畫+預算控制**

時間	行動	小叮嚀
倒數60天以前	家庭會議：要不要去旅行？	親子旅行是全家的事，一起討論可以增加期待感與向心力，父母也請設定旅行的時間與預算。
倒數60天	**下決定：**訂購國際機票！（訂下去才能確定要旅行而非空談）	長程親子行，建議出發前三個月就可以開始留意機票，至少提前兩個月預定，才能完善規畫噢！

倒數 60～45天	上網找資料、閱讀旅遊書……初步了解即將前往的國家！	請把想去的城市、景點，先記錄起來，放進口袋名單。比一比哪個城市特別吸引你？
倒數45天	**下決定：** 預計花多少錢玩？要停留哪些城市？	以「三到五天玩一個城市」的速度來計畫可以去幾個大城？趕快決定，才能進行後續訂房訂票的動作喔！
倒數 45～30天	針對要前往的城市做深度的認識，安排活動。	和家人討論想去的景點，大人一半小孩一半，才是親子皆喜的旅行。
倒數30天	**下決定：** (1) 預訂國內航線的機票 (2) 訂完機票訂住宿 (3) 訂完住宿再租車 (4) 初估旅行總預算	只要訂完這些，旅程就成功一半，剩下細節的規畫可以慢慢來。訂單務必截圖，貼到word或存成圖檔，這個動作非常重要！
倒數 30～10天	製作一份完善的旅行計畫表，慢慢安插細部行程。	機票、住宿這兩個大方向決定好，遊玩景點可以慢慢研究，每天運用閒暇空檔查資料，用20天的時間規畫，把「旅館」與「旅館」間填入想去的地方。
倒數10天內	(1)檢查所有的訂單 (2)檢查所有的證件 (3)列印行程表 (4)整理行囊	旅行前該準備什麼？後方文章有詳細介紹！
倒數 最後一天	親子行前會議	帶著興奮的心情準備飛出去！

　　只要按照這個時間表，每天給自己至少兩小時的時間來計畫，規畫行程一點也不難！另外，如果能提前更多時間開始規畫，就能夠準備得更充份唷！

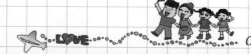

★第一步，至少在60天前買機票！

　　　　買機票的理想狀態是已經開過家庭會議，知道「大約的預算」與「可以請假的時間」。

　　2016年五月初，某個工作欲低迷不振、旅遊魂蠢蠢欲動的清早，我打開電腦，收了email。某封聳動的標題映入眼簾：「**酷航透早特價，澳洲機票最低只要3699**」！？

　　3699？真的假的？那不是比飛日、韓、東南亞都更便宜嗎？
　　澳洲？前幾天不是才聽女兒說想在暑假去會冷的地方……
　　嗯！讓我來檢驗一下3699的真實性好了！
　　連上廉航「SCOOT酷航」的官網（http://www.flyscoot.com/），隨手鍵入搜尋條件：台灣出發，目的地：墨爾本，時間：八月某日……

▲截圖引用自「SCOOT酷航」官網圖片（http://www.flyscoot.com/）

　　跳出來的搜尋結果……天啊，去程真的三千六百九十九欸！
　　一家四口，澳洲，來回票……果然每個日期票價都不一樣，三千多的便宜票不多，但四五千的不少。我二話不說立刻查詢我可以請假的時段，找到去程3699，回程5299的便宜票價，進入訂票程序：

選位？不用！（我猜地勤人員也不敢不讓我跟女兒坐在一起）

餐點？不用！（減肥！到澳洲再吃！）

Wifi？不用！（遠離3C有益健康）

機上視聽娛樂？不用！（休息是為了在澳洲走更長的路）

行李託運？不用！（背包客才像自助旅行，行李小一點就會少買一點）

快速轉機服務？不用！（自己慢慢走慢慢查才算是自助體驗）

保險？不用！（當然是交給台灣的專業保險朋友保旅平險就夠啦）！……

看到這裡大家應該猛搖頭，這位媽媽你也太刻苦了吧？到底是出國還是苦行啊？

請注意，我現在是衝動型購買，如果沒有得到一個漂亮的價錢，怎麼給他衝動的滑下去？

系統花了幾秒試算……總金額：五萬一千三百元。

可惡！變得好貴！再怎麼精省，還是逃不過額外收取的稅金與廉航訂票手續費！這些就多好幾千元了……哼！說好的四萬有找呢？

此時我已完全將工作拋在腦後，開始瘋狂查其他航空的票價……什麼！？飛澳洲的一般航空票價單張都在三萬元左右，全家光是機票就要十二萬！這麼說來，一張來回機票不到一萬三……好像挺便宜的喔？

看看時間，「酷航透早優惠」時間只剩最後三十分鐘，你也知道，主婦最受不了最後的「搶購時間」了！心中只剩最後一個念頭：「時間不夠了！快搶！」腎上腺素開始飆高！時間一分一秒流逝，我不但要快速鍵入所有搜尋條件，還要緊盯著畫面中的每個選項，深怕不小心多買到任何額外付費服務……就在距離優惠截止的最後五分鐘……

叮咚叮咚！簡訊聲音響起。

「感謝您使用**銀行信用卡於網站消費新台幣51300元。」

愣了三秒……唷呼！噢耶！成功啦！

接下來呢？

完了，澳洲那麼大，我要怎麼計畫行程啊？一大堆問題浮現腦海。

還好已經付款開票了！不然一直猶豫一直煩惱，到最後一定哪裡也去不了！

該下決定，就下決定吧！雖然多了一筆不小的旅遊支出、可能需要為了旅行犧牲一些「什麼」，但能帶全家一起飛到遙遠的澳洲進行十五天自助旅行，「獲得」一定比「失去」多很多！

澳洲，我們準備好好認識你囉！

·訂購廉航機票注意事項：

♥ 加入廉航的會員或粉絲專頁，留意不定時促銷的特惠票價，耐心等候，只有特價時段才真正便宜！

♥ 超便宜的票價只是單程而已！

♥ 台灣廉航都會有中文畫面，記得選擇自己熟悉的語言，訂票操作好簡單！

▲截圖引用自「SCOOT酷航」官網圖片（http://www.flyscoot.com/）

廉航的票價僅限於機位，所有附加服務如行李、保險、餐食都會「額外付費」，請確認自己的需求再加購！各種服務都加購的話，往往比非廉航的機票還要貴唷！

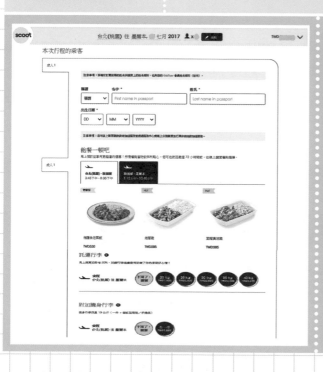

訂票的過程需要鍵入旅客資料，請先備妥全家人的護照，姓名拼音不可有誤，並隨時留意總金額是否跟一開始訂票的金額相符，若金額有落差，可能就是不小心選到了付費項目如餐食、行李甚至快速通關等服務，廉航的訂票手續確實比一般航空麻煩，需要多一點耐心。

▲截圖引用自「SCOOT酷航」官網圖片（http://www.flyscoot.com/）

「澳洲那麼大，怎麼可能認識得完？」

放心啦，我們又不是要移民，旅人只需要大致了解澳洲有哪些好玩的城市就好了。

想到澳洲就想到雪梨、墨爾本、黃金海岸、大堡礁還有那一顆烏魯魯大巨石……該去哪裡？怎麼選擇？我決定先去圖書館借一堆跟澳洲有關的旅遊書，回家分享給家人們。

女兒對於想去哪裡也有不少意見。

「企鵝一定要看！」「我要摸袋鼠！」「我要看彩色的屋子然後玩沙！」「我要吃巧克力！」呃……參考她們的意見加上父母的想法，準備開始計畫行程！

・計畫行程小撇步

最方便的「偷吃步」就是直接點閱各大旅行社網站。例如要查墨爾本，就先從旅行社的「墨爾本」相關產品看起，認識必遊的大景點，再慢慢依自己與家人的需求來調整，「第一步」總是最難，看看人家怎麼規畫，會覺得「沒有很複雜嘛」，跨出第一步，後面就好走了。

別忘了，有任何覺得不錯的地點，就要趕快在筆記裡記下，一天一點，用空檔慢慢累積，你會發現，一個完全為自己與家人量身打造的精彩的旅行計畫，已然成形！

陸媽小叮嚀：

和孩子一起閱讀，和孩子一起計畫

從訂完機票那天開始，每天晚上睡前和女兒的閱讀時間，一律改為「認識澳洲」的旅遊書閱讀，用可愛動物、自然風光、城市風景建立一家人對澳洲的概念。

★第三步，倒數45天，決定要去哪裡！

・預計花多少錢去玩？

訂完機票至今，過了兩周的時間，除了對澳洲有初步認識外，也訂下了這次旅行花費的目標，希望一家四口可以控制在「十六萬」的預算。

「全家去澳洲十五天，哪可能這麼便宜？要把小孩餓死嗎？」聽到的朋友紛紛譏笑我。

目標！我是說目標！必須先擬定目標！不一定會達成，但有夢最美嘛……

理想的預算分配是：機票錢約佔35%，住宿交通佔35%，生活開支佔30%。訂立預算目標後，開始安排旅行的大方向。

・要去哪幾個城市玩？

如果旅行時間不長，只有五天內，那不須移動，深度認識一個城市就夠了。但如果旅行時間長達六天以上，建議可以用「三到五天玩一個城市」的速度來計畫。

我們去到十五天，至少可以停留三個大城市，除了抵達站：「墨爾本」之外，第二個城市選擇「雪梨」，第三個城市，幾經考量，選擇友人推薦的澳洲酒倉&動物天堂「阿德萊德」！

此時，我們對於這幾個城市的了解還非常淺薄，因此，最少需要在出發前倒數45天做好這重大決定，專心做細部的行程規畫、查資料、訂旅館與交通，否則時間一定不夠！

景點

・一半一半的親子旅遊哲學

　　確定要去的城市後，就可以縮小範圍、深度認識它的人文特色，找尋想去的景點。不過，講到親子旅行的行程安排，幾乎所有的父母都會異口同聲說：「我的孩子喜歡……」、「我的孩子想去……」，很少會說「我要去」。

　　這就是父母的偉大之處，但是，請容我提醒您：

　　「孩子不是一切，一半一半才公平！」

　　另外，比較保守的父母，尤其是長輩，時常整天把臆測掛在嘴上：「這裡可能不適合小孩」、「這個行程小孩可能不喜歡」、「這裡危險孩子可能會受傷」、「太冷可能會感冒」……但事實上，孩子真的這麼想嗎？孩子有這麼脆弱嗎？有必要為了孩子而刪除自己的喜好嗎？

　　「登山健行」跟「遊樂園」，若讓孩子選擇，大多數當然選擇遊樂園，但如果你就是想去登山健行，我認為，該先去登山健行，再去遊樂園，讓孩子知道，每個人都有自己的興趣，尊重彼此非常重要。

我們不該因為自己的需求而不顧別人感受，卻也不該因為別人的期待而不顧自己的喜好，討論、傾聽，彼此理解、互相配合，這樣的家庭關係才會健康而長久，這樣的親子旅行也才有意義。

▲媽寶示意圖，莉塔莉娜表示：「喂！袋鼠兄你都幾歲了還在喝奶！？羞羞臉啦！」

　　安排一個孩子想去的地方，再安排一個爸媽想去的地方。保持一半一半的比例，將大人行程與兒童行程在整趟旅程間平均分配，別讓孩子認為「世界就該隨我轉動」，讓孩子了解父母的興趣，在旅程中攜手共舞，他們也可能在不同的喜好中找到新樂趣。

陸媽小叮嚀：

學習放手，讓孩子獨立！愛他，並不代表要對他的需要一概滿足，更不代表要過度保護。

適當的冒險可以養成孩子解決問題、勇往直前的性格，被過度照顧的孩子長大後很可能變成媽寶噢！

· 選好親子都滿意的景點，開始決定交通與住宿

    ▶墨爾本：市區觀光、彩虹小屋、企鵝歸巢、海豹岩、史蒂芬金古董火
          車、亞拉河谷酒莊探遊……
    ▶阿德萊德：動物園、德國村、巴羅莎酒鄉、Long View酒莊……
    ▶雪梨：歌劇院、月神樂園、達令港兒童公園、渡輪漫遊雪梨港……
    景點決定了，就要規畫「移動的方式」與「舒適的住宿」。

交通

· 澳洲的國內移動：提前預訂省很大！

    澳洲幅員廣大，國內各大城市間的交通幾乎都靠飛機連結，航空公司
多、航線齊全，對澳洲人來說，搭國內飛機跟搭巴士沒什麼兩樣。
    而澳洲都會區的交通，大眾運輸的陸網雖然發達，不過超級複雜！密

密麻麻的地鐵公車圖，不是天才無法輕易讀懂。大眾交通的票價不便宜，計程車更是非常昂貴！若要去郊區的景點，交通更不方便，許多台灣人在澳洲成立旅遊公司，專門為小型團客服務，設計小巴士一日遊，網路上也有很多day tour的旅遊資訊。不過，這類似「一日旅行團」的活動價格不斐，如果是單身旅遊還好，一家四口加起來，一天的行程隨便都超過一萬台幣！不適合小資家庭。

　　精打細算的我開始研究最精省的交通方式……

‧搭飛機比高鐵還便宜

　　我發現澳洲國內機票的價格懸殊極大，貴的很貴，但國民航空「Tiger Air 虎航」（https://tigerair.com.au/）只要提前預訂，每天都有特價時段，票價驚人的便宜，比台灣的高鐵還便宜許多！

▲墨爾本飛阿德萊德竟然只要49澳幣（約NT.1200）！

我們分別以全家196、236澳幣的便宜價格訂到了墨爾本→阿德萊德，阿德萊德→雪梨的機票，國內機票總金額只花了432澳幣，差不多台幣一萬元左右！

▲截圖引用自「TigerAir虎航」官網圖片（https://tigerair.com.au/）

基本上，廉航購票的方式、步驟與特別要注意的事項（陷阱）與訂國際機票時都差不多，所以當你要預訂澳洲國內機票時，只要同樣的按步執行即可，只是多為英文介面。還是要再次提醒，在每一訂票過程中，要隨時注意票價金額，只要價格一變就是被偷收，一定快找出系統動的手腳，取消訂購，就會回到原價。

例：

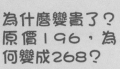

為什麼變貴了？原價196，為何變成268？

因為系統自動幫你買行李，若不需行李或需求公斤數較小，請務必重新選擇。

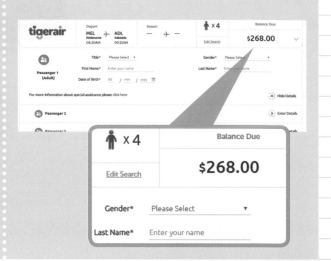

② 藍勾勾處就是被動手腳的地方

請一定要特別的小心，仔細閱讀每一個選項。

▲截圖引用自「TigerAir虎航」官網圖片（https://tigerair.com.au/）

3 不需要行李

請一定要勾選到正確的選項，以免又不小心被加收費用。

Do you have baggage to check-in?
All fares include a 7kg cabin bagagge allowance. To purchase checked-in baggages please make a selection below.

No check-in Baggage
Prepaid Baggage 15kg @ $15.00
Prepaid Baggage 20kg @ $18.00
Prepaid Baggage 25kg @ $25.50
Prepaid Baggage 30kg @ $31.00
Prepaid Baggage 35kg @ $36.00
Prepaid Baggage 40kg @ $41.00
Prepaid Baggage 20kg @ $18.00   ▼

No check-in Baggage
Prepaid Baggage 15kg @ $15.00
Prepaid Baggage 20kg @ $18.00

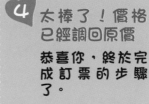

4 太棒了！價格已經調回原價

恭喜你，終於完成訂票的步驟了。

5 最後進入刷卡頁面時，一定要確認價格無誤才付費

這時候，千萬要睜大眼睛確實無誤再刷卡喔！

▲截圖引用自「TigerAir虎航」官網圖片（https://tigerair.com.au/）

OK

⑥訂購完成，會收到確認訂單

有一個動作非常重要，訂單編號與訂購憑證請務必截圖，留存在自己的旅行計畫上，千萬別忘記囉！

▲截圖引用自「TigerAir虎航」官網圖片（https://tigerair.com.au/）

飛機時刻非常重要，別忘了登機前72小時要網路預辦登機(web check in)喔！

‧家庭租車自駕，舒適自由又划算

除了飛機之外，一家四口最划算的交通方式，就是開車！地廣人稀的澳洲，租車價格非常合理，一天常不用一千台幣！只是澳洲是「右駕」需要花點時間適應，可是對於在台灣習慣開車代步的家庭來說，並不會太困難，有台車，就像有個家庭私人空間，帶著行李與孩子移動真的很舒適。

試過幾個租車網，我最習慣使用酷航的租車系統（http://cars.flyscoot.com/），價格透明、有完善的比價機制，最棒的是還有中文網頁呢！

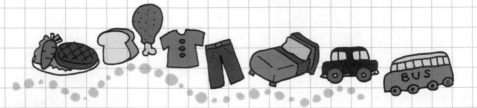

─澳洲租車好簡單─
訂購教學圖

Step 1.

先來到租車公司的官網首頁，鍵入理想的訂購資訊

Step 2.

選擇喜愛的車型（你看~最便宜的四天才台幣2366！）

Step 3.

後面的操作都很簡單，全中文，一定看得懂，所以教學到此為止。(！？)

▲截圖引用自「酷航官網中文租車圖片」（http://cars.flyscoot.com/）

哈哈，不要嫌我的教學太隨便，其實真的頗簡單，中文網頁很親切！

我分別用兩千初到四千內的價格訂到了墨爾本、阿德萊德、雪梨租墨爾本還的自排轎車，十天租車費加起來不到一萬元台幣，算一算，所有的國內交通（搭飛機＋租車）費用加起來，剛好兩萬台幣！

機票，交通，OK！接下來就訂住宿吧！

陸媽小叮嚀：

有Google Map導航好放心！孩子也可以幫忙當導航小幫手！

「自駕會不會迷路？」是家長們最擔心的事。只要預先買好澳洲網路卡，在澳洲使用手機Google Map導航，訊號非常好！建議多帶一隻空機，插澳洲網路卡，做為導航專用機。還可以讓孩子們一起幫忙看手機導航、報告路況，全家同心協力的感覺很棒喔！

住宿

·長途親子旅行的住宿重點

　　帶著孩子不像自己一個人，一定要為家人準備能遮風避雨、安全無虞的住宿！

　　住宿環境不需要五星級，但務必乾淨舒適值得信賴，最好透過有公信力的國際訂房網站，先檢視飯店品質、房間照片、交通位置，確定後務必付費訂房，並保留訂房憑證。

·輕鬆住還是到處走？給家人決定！

　　如果怕麻煩的家庭，可以選擇安排近一點的行程，住在同一個旅館裡，省去換旅館的舟車勞頓。不過，如果像我們一樣喜歡冒險嘗鮮的家庭，可以嘗試天天住不同的區域，反正有車很方便！

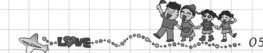

　　我是個難以抉擇的天秤座，所以訂房時會先找到預算合理（均價3500內）的房間，再請家人們一起挑選，琳琅滿目的旅館照片總讓女兒們非常嚮往，每家都想體驗看看。既然有共識，那累一些天天換旅館也心甘情願，都市的南端與北端就會有不同風貌，何況不同鄉鎮的特色與風景。同時，也正因為每天都訂不同旅館，可以接觸到很多不同的人、事、物，這可是金錢買不到的收穫，也是最直接感受異國文化的方法。

‧透過國際訂房網站訂房最放心

　　年輕的時候出國自助旅行，我喜歡直接找特色旅館自己的網站，直接跟旅館服務中心訂房，但是曾遇到對方網站出錯，訂房顯示成功到現場卻無房可住的窘境，又投訴無門，只能默默隱忍。後來也有幾次經驗發現直接跟旅館訂房的價錢比透過國際訂房網站的價錢還要貴，最後得出一個結論：「國際訂房網站還是比較有保障」。

　　有了小孩以後，更需要住宿在可以信任的旅館，諸如Agoda、Booking.com、Tripadvisor、Trivago……等國際知名訂房網站，價格透明、照片多、旅館資訊清楚，是家庭旅行可信賴的好幫手。

▲截圖引用自「AGODA」官網圖片（https://www.agoda.com/）

我最慣用的訂房網站「AGODA」

▲截圖引用自「Booking.com」官網圖片（https://www.booking.com/）

世界知名訂房網站「Booking.com」

▲截圖引用自「Tripadvisor」官網圖片（https://www.tripadvisor.com.tw/）

世界知名訂房網站「Tripadvisor」

‧「3.5 訂房邏輯」

　　小資家庭的自助旅行，「住宿費用」幾乎會佔去總預算的四成，只要能控制得宜，旅行預算就可以安全過關，甚至還能多出購物血拼的零用金。

　　但，帶著小孩長途旅行，一定不能住太差！「3.5 訂房邏輯」，很適用於想控制預算的家庭：「至少三星半水準以上的旅館（訂房網站會標示星等），大約在三千五百元左右的預算」，先訂出條件，立刻可以縮小搜尋範圍，接著，再以自家的特殊需求來選擇。

　　我的理想條件：費用合理、環境安全、要有廚房、觀景窗、洗衣設備、交通方便……運氣好的時候，會遇到完全符合預算和理想的住宿地點，偶爾會遇到太喜歡卻超出預算的旅店，那就「互補」一下：今天手滑訂下五千元一晚的豪華房型，明天只好改住一千多元的背包客棧，後天再小放縱一下選擇四千元的小豪宅，接著又必須精省一點找個兩千元的汽車旅館……在總價的平衡中盡量提升住宿的品質。

國際訂房網站二三事

◆ 如何確定飯店是否可信任？資訊是否屬實？

建議訂房前多看其他住客的評價，才不會誤踩地雷，評價優良的飯店通常服務也會不錯。若有特別重視的訂房條件，如預訂的是附有洗衣機、廚房、停車免費、小孩不佔床免費……等等特殊需求的房型，建議預定前、後都要截圖存證，並放入列印的行程表中，待實際入住萬一發生問題，可以有憑據立即跟飯店反應。若未獲解決，還可以撥打國際訂房網站24小時服務電話喔！

◆ 網路上信用卡付費可否放心？

沒問題的！訂房時都須先線上刷卡，但每個飯店會依照房型特價的不同而有不同的入款時間，請選擇自己理想的方式。收到確認訂單記得列印或截圖，將訂單編號、訂房明細放入旅行計畫書中，隨身攜帶出國。

◆ 不佔床的小朋友在訂房時是否需要算入人數中？

如果希望小孩有自己的床位，一定要加入訂房人數中！

如果小孩不佔床而跟大人同睡，請先看旅館規範，上面標示有「兒童在不加床的情況下可免費與大人同住」的旅館，可直接依「佔床人數」訂房，但到旅館「務必告知櫃檯實際入住人數與小孩年紀，詢問是否需要多加費用，並依照規定辦理」。這是很重要的禮節喔，澳洲很守法，不可以自己偷偷加人。

◆ 背包客棧適合小孩嗎？

如果孩子很小，並不建議，畢竟僅是一個具基本住宿功能的旅店，舒適度普通，隔音也不夠好，孩子哭鬧、其他住客的喧鬧都可能互相影響。但如果孩子已經有自立能力，想增強他們對環境的適應，那倒是可以試試！附帶一提，我女兒們對於有上下鋪、如同學生宿舍般的IBIS背包客棧非常滿意噢！

◆ Airbnb好不好用？

「Airbnb」這個國際訂房系統近年來非常火紅，它到底跟一般訂房網站有什麼不一樣？決定性的不同之處，就在於網站提供的「房源」不是來自於「旅館」或「飯店」，而是「別人家裡」。這是一個讓民眾分租自家空房的系統。

乍聽之下有點危險，因此系統在安全功能上格外小心，除了完善的身分審核、電話、信用卡的確認，加入會員也須強制使用FB等系統辨識真實世界的身分，增加安全與互信的基礎。

訂房操作並不難，不過實際研究裡面的房源後會發現，你以為住在人家家的空房會比較便宜嗎？不，價格並不是特別低，畢竟「房東」不是企業化經營，無法壓低成本，所以還不錯的房間價格都偏高，相較之下國際訂房網站的房價經濟實惠，房間資訊、旅客評鑑都更完整。

那為什麼Airbnb那麼有名？因為它吸引人的地方就在「深度體驗」。住進別人家裡會遇到什麼人、事、物，都充滿有趣的想像。為了體驗「澳洲人家」的感覺，我們訂了一位在藝術大學裡教電影的教授的家，事實上這個住宿經驗特別貴，也不特別舒適，但是和教授家庭的互動很有趣，女兒們和澳洲孩子們雖然語言不通卻也能玩得起來，這就是難得的珍貴經驗。

◆ 是否推薦帶小孩的家庭訂Airbnb？

說實話，如果是親子旅行，我下次不會訂Airbnb，帶著小孩，還是有自己的私人空間比較好。但如果是單身或和老公的雙人旅行，我還想再試試，多體驗當地文化。其中的優點與缺點，還待有興趣體驗的你自己來發掘囉！

◀能在舒適的房間裡獲得充
分的休息，才有力氣進行
明天的旅程！

陸媽小叮嚀：

眼花撩亂的訂房資訊讓人迷惑，不要一看到喜歡的就訂，
想想自己要的？家人重視的？多方考量，多加比較。但
是下訂後就不要後悔，比上不足比下有餘，相信自己的選
擇！

另外，在實際旅行中，每天移動是很辛苦的事！但也可藉
此機會養成孩子整理收納的習慣以及責任感。

‧凡事提前準備，方能萬無一失

如果距離出國前一個月，還沒有把這些預訂完成，很有可能會因為臨時的外務、趕不完的工作造成沒空預訂的窘境！為了避免手忙腳亂，一定要提早完成喔！

親子旅行的最大目標，只要每天能順利從A旅館移動到B旅館，就成功百分之九十了！所以，一定要知道哪一天會到哪裡、住哪裡、交通工具是什麼，不要把行程安排的太趕，留一點時間給路上巧遇的驚喜。

‧初估旅行總預算

還記得我們的旅行目標，全包式行程只花十六萬元嗎？這麼天方夜譚的目標，到旅遊行程規畫的差不多的此刻，當然要來檢視看看有沒有達成的可能！

「主婦精省減法預算表」		
總預算NT.160000		
支出項目	花費金額	剩餘可以使用的金額
機票	機票	
澳洲國內交通	澳洲國內交通	
住宿	住宿	
	共計116800	只剩43200元！！

什麼！？這代表……十五天的旅行中，吃、喝、玩、樂，只剩下43200元可以花用？平均下來，一天只剩下不到三千元！？

這裡面還要包括預計要去的景點大約一萬多元的門票費用……這當然是不可能的！澳洲的物價很高，一家四口如果只帶這些錢出國，真的必須留在

澳洲打工一陣子才回的來。

　　好吧，預算必須往上加，等先做完第六步，再來精準計算總預算！

★第六步，用二十天完成「旅行計畫書」！

　　距離要出發還剩二十天，此刻，相信全家人對於即將前往的國度都不再陌生，從原本的茫然，慢慢轉為踏實的期待。接下來，該做的事，就是把這陣子所做的努力，通通集合起來，化為一本完整的旅行計畫書。

　　忙碌的一天過後，工作結束、家事完成、孩子睡著的寧靜夜晚，打開電腦，把機票資訊、搭機時刻、租車明細，還有各種瑣碎的訂單憑證都拉出來，照著每天的日期，將截圖貼到文書處理軟體裡，安插細部行程，在「旅館」與「旅館」間填入想去的地方，把預計要走的景點化為文字記錄下來，上網抓下該景點的圖片、地址，複製到行程中，再打開Google Map把如何前往該地的地圖路線截圖貼上……不要嫌麻煩也不要覺得多餘，現在做得愈詳細，旅行途中愈不會有意外狀況。

「旅遊行程表的建議製作方式」

- 以電腦（Word類文書處理軟體）製作
- 詳細而機能完整的行程表，各種資訊依照旅行日期順序排列。
- 其中包含所有旅行中會用到的訂購憑證、地圖、旅行計畫，詳列如下：

❶ 來回機票訂單截圖	❷ 旅館確認訂單截圖	❸ 租車或交通訂票憑證
❹ 已付費的門票憑證	❺ A點往B點的Google地圖截圖(含預計時間)	❻ 計畫的旅遊時間、地點、行程

溫馨叮嚀：

❶ 加入「訂單截圖」可保障旅程順利進行，不會因為航空公司/租車公司或旅館不承認訂單而有任何延誤。

❷ 整合資訊在一本旅行計畫表中，方便旅行過程中查找所有需要的資訊。

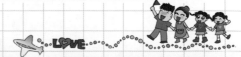

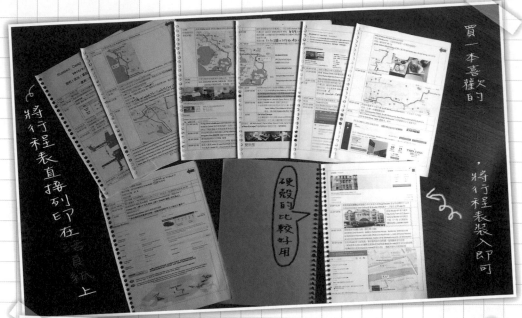

將行程表直接列印在素質紙上

硬殼的比較好用

買一本喜歡的

將行程表裝入即可

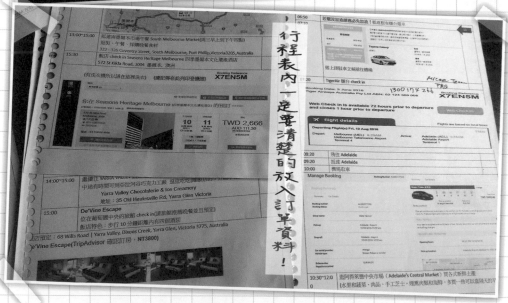

行程表內一定要清楚的放入訂單資料！

　　這段時間，是我最喜愛的時間。一邊做旅行計畫書，一邊任憑那些令人嚮往的風景帶你遨遊，彷彿已在自己的腦中先旅行一次，呼……多麼紓壓而美好！如果再倒杯紅酒就更完美了！（笑）

　　一趟成功的旅程，建立在囉嗦而周全的「旅遊行程計畫」之上。帶著這本旅行計畫出國，似乎所有的事都掌握在手裡。

★第七步，出發倒數10天，一定要做的事

・Before Day10：最重要的護照、簽證、國際駕照、上網電話卡辦完了沒？

護照可以親自至外交部領事事務局或外交部中、南、東部或雲嘉南辦事處辦理，一般件為四個工作天，別忘了要有六個月以上的效期才能出國。

澳洲簽證，直到2017年的現在仍須辦理，通常辦理ETA澳洲電子簽證，細節可至外交部領事局查詢http://www.boca.gov.tw/，某幾個大型旅行社可代辦，大約也需要三到五個工作天。

國際駕照，請準備身分證件、原領之駕照正本、護照、2吋照片兩張（不要與護照相同）、規費250元，到監理所辦理，我的經驗大約花半小時就搞定，手續簡單，效期三年，而且到世界各地都可以用喔！

以上，強烈建議要提早兩周前就先準備完成！

・Before Day6：列印旅遊行程表！

在倒數時刻檢查「計畫內容」，把它「列印/裝訂成書」。（會花不少時間，一定要預先做好）

我的旅遊計畫表在加入各種憑證、地圖後成為厚達三十頁的「書」啦！所以我直接去文具店買了A4大小的厚紙板活頁封套，將行程印在空白的A4活頁紙上，裝訂成一本「精裝版活頁旅遊書」，這本書真的是幫了我大大大大的忙，不只自己查找行程很方便，問路時，澳洲人也會覺得你的旅行計畫很精采而給你讚賞的眼神！

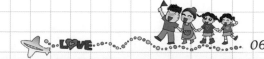

· **Before Day5：重要的用品先收進隨身包包！**

重要用品檢查表

最重要的東西：以下請打√

☑ 護照（可以多帶一份影本與兩張大頭照，裝在行李別處，萬一護照不見補辦很方便）

☑ 簽 證（通常電子簽證會夾在護照裡）

☑ 國際駕照

☑ 足夠的錢（可事先先在台灣換好外幣，超過澳幣現金一萬請記得申報！）

☑ 信用卡（如果使用機場免費停車，那一定要帶那張刷機票的卡！）

※以上可用一貼身小包分層裝好，放在隨身包包中，務必不要離身※

☑ 旅遊行程計畫表+所有預定的憑證（超、重、要！）

☑ 台灣門號手機（可wifi使用通訊軟體，方便和台灣親屬語音通話聯繫。）

☑ 澳洲上網／電話卡（請和發卡單位確認開通日期）

☑ 另一隻插澳洲卡的手機（可以當作導航專用機，也可分享wifi網路！）

☑ 各類充電器（可以一夾鏈袋或小包妥善收齊）

☑ 電源轉接插頭（澳洲的電壓是220-240V，插座長的很圖，買轉接頭時請務必確認澳洲規格）

☑ 行動電源（現在新的飛安規定行動電源容量不能太大，請依規定檢查）

　　以上都是最重要的隨身物品，只要帶好這些，就算其他行李全部忘記帶，應該還是可以順利進行旅程！

· Before Day3～4:整理行李！

親子旅遊行李檢查表

☑ 跟著季節準備衣物（南半球的澳洲的季節跟台灣相反喔！）

☑ 室內拖鞋（這個超重要！澳洲沒有一個飯店提供室內拖鞋！沒有！）

☑ 牙刷／牙膏／洗面乳（這也超重要，澳洲飯店很環保，不提供消耗性用品，但是洗髮精、沐浴乳、香皂都會有。吹風機也有。）

☑ 化妝包（讓媽媽呈現人形的重要工具！）

☑ 個人衛生小毛巾（大浴巾飯店會有）

☑ 基本藥品如感冒藥、胃藥、OK繃、蚊蟲咬傷軟膏……

☑ 護手霜／護唇膏／身體乳（澳洲很乾，隨時都要一直擦不然會很癢！不過，去那裡買也可以，便宜又好用）

☑ 防曬用品（就算是冬天，紫外線還是很強～）

☑ 禦寒或防曬用的帽子、手套、口罩

☑ 備著安心的輕便雨衣（可防寒防雨，雖然是冬天又雨季，但我們還是沒用上）

☑ 野餐墊（如果你很想野餐）

☑ 旅行用餐具組（十分常用到！）

☑ 血糖過低救急用零食如泡麵、巧克力（要注意澳洲禁止攜帶的食物規定）

　　還要帶什麼？當然還有個人喜好的各式哩哩叩叩……像我們家竟然還帶了咖啡粉、手沖咖啡用具和保溫瓶……只要是自己每天沒用到會很難過的東西就該帶。

　　還有什麼？快想、快帶吧！

陸媽小叮嚀：

我家的行李空間只有四個登機箱，為了輕量化，衣物部分每人只準備可以分開搭配、丟棄也不可惜的五套舊衣、五雙襪子(所以照片裡的衣服一直重複哈哈)，安排行程時至少四天會入住有洗衣設備的旅館一次，確保可換洗衣物。

・請孩子們自己整理行李

孩子有沒有自己整理行李呢？這很重要噢！

「他們會嗎？」可能有人這麼問。

「我幫他們整理比較快啦！」大部分的媽咪都會這樣覺得。

是沒錯，大人幫小孩整理，當然比較快，但是孩子們又少了一份參與。讓孩子自己想清楚要帶什麼？怎麼收？父母再做最後的收納與檢查，這也是一種學習，整理行李的過程，孩子會很開心，也會學到如何打理自己！我們家真的是一人一個登機箱，自己的行李自己收呢！

除了衣服、盥洗用具之外，來看看孩子們的小背包裡收了什麼？

小朋友專用物品撿查表

- ☑ 彩色筆
- ☑ 蠟筆
- ☑ 鉛筆盒
- ☑ 旅行小日記
- ☑ 圖畫紙
- ☑ 餐具盒

- ☑ 手帕、衛生紙、濕紙巾
- ☑ 小布偶
- ☑ 耳環貼紙／手鍊／幾顆珠珠
- ☑ 水壺
- ☑ 數不清的零食（一種郊遊的概念）

呵呵……小孩的邏輯果然很可愛。最後，父母當然還是要再幫他們檢查，但讓孩子參與收行李的過程，那種緊張興奮期待的心情，正是旅行前夕最美好的時刻！

開心 開心

・Before Day2：旅行最後倒數：家庭行前會議

「親子自助旅行」可不是旅行團噢！別讓策畫行程的自己一頭熱，全家人卻對旅行無感。身為家中的一份子，每個人都有「了解旅行內容」的權利與義務。

也許剛開始要跟家人分享那落落長的旅行計畫，家人會說：「你知道就好」。（矛頭指向我老公），但此時，請準備美味的點心與飲料，讓全家愉悅的坐在一塊兒，關掉電視與手機，聊聊天，聊聊要去哪些地方、有哪些特別的活動，或許這些在排定行程時有跟他們溝通討論過，但出發前再聽一次，印象才會深刻。藉著分享行程的想像力馳騁，讓全家一起沐浴在期待裡。

▼衝啊！澳洲！我們來囉！

· Before Day1：完美澳洲親子夏令營？

終於倒數到最後一天。一切看似非常完美。但，實際上常常是在這最後一天兵荒馬亂的把前十天該做的事擠在一起完成！

所以……倒數Day1的實際行程，就是手忙腳亂的吆喝家人一起處理還未完成的行前所有準備事項，做好行李最後檢查！

隨身包包？OK！

行李箱？OK！

把所有行李集中在一起，互相提醒有沒有漏掉的地方？做好萬全的準備，就不會在機場崩潰！

★第八步，預算最後整合與控制！

有了「旅遊行程計畫書」，可以依確定的房費、機票、租車與每日行程，計算出已知花費。但如何精準地控制生活開銷？跟大家分享「精省小撇步」+「捆錢控金術」。

· 精省小撇步

假設全部旅遊預算絕對不能超過二十萬台幣（已從十六萬大幅提升到二十萬），就是二十萬一（預付的住宿＋機票＋交通費＋少量緊急預備金）／天數＝每天可用零金額。

以我家為例：國際與國內機票、三個城市的租車、旅館費用，加起來一共約十二萬（皆以網路付款完成)，那我約有八萬元的額度可換成澳幣。（台灣大多數的銀行都可以直接以台幣兌換澳幣現金，建議兌換時可以面額五十元的鈔票為主。）

八萬台幣以當時的匯率1:24來說大約等於3333元澳幣，那我們先扣除零頭333元澳幣（約NT.8000）作為預備金，剩下的三千澳幣除以十五天，每天一家四口可以花兩百澳幣（約NT.4800）（內含吃喝玩樂與門票）。

・捆錢控金術

將預備金先妥善收到包包的最底層後，開始分類每天的生活費。以下這個捆錢步驟超有用！

「把每天的生活費兩百元澳幣用橡皮筋分開捆好，一天用一捆，一共十五捆，按天數循序漸進使用」，若當天沒花完的錢可以累積至隔日使用，也就是說今天節省一點，那明天手頭就寬鬆一點，但是「今天絕不動用明天的錢」，如果不夠花，就減低物欲少吃、少買，最後兩三天預算還有剩，才可以大買紀念品！

陸媽小叮嚀：

若要嚴格控制旅遊預算，建議不要使用信用卡，以免不知道自己花了多少錢。任何消費可順手在旅行計畫書或手機上簡單記帳，不超支就不會迷失。我們家的經驗是每天都能剩錢，雖然預算有限，但還是有不少零用金可以買紀念品，第一天、最後一天大半時間在飛機上，最後還帶了幾百澳幣回台灣呢！

LET'S GO

離飛走只剩一步的距離……
這時候，還有什麼很重要的事還沒做呢？

如何讓孩子在遊樂中邊玩邊學?

食衣住行都安排的差不多了,但總覺得這個旅行好像少了什麼……

啊!少了一個「主題」!

那就把這次旅行的主題訂為……「澳洲親子成長夏令營」!

爸比在這趟旅行中擔任攝影師+兇惡的值星官,媽咪擔任編導+不溫柔的輔導老師,孩子們則肩負起「夏令營學員」(而且是失控組的任務!)聽起來蠻有趣的。

這是我們一家四口第一次用這麼長的時間自助旅行。大家都說,帶年幼的孩子出國不划算,他們不會記得。那有沒有什麼方式,可以在吃喝玩樂之外,加深他們對旅行的記憶,提高夏令營「玩中學」的意義?

▲在澳洲旅館開心畫圖寫日記的女兒們

用「日記」記錄旅行的快樂回憶

「讓她們用手機沿路幫忙拍照?」這是她們最新的興趣,也算是很基本的招數。但我希望能有更實質的動作,可以讓旅行過程內化入孩子們的心靈,加深這趟旅行的印象,最好還能看見她們的反饋。

翻著學校給孩子的暑假叮嚀,看到老師的建議事項寫著:「也可以養成寫日記的習慣……」靈光一閃!對耶,寫日記很不錯!而且,應該幫她們選擇那種適合兒童,有繪畫空間、有稿紙式文字方格的「畫畫日記本」。

說做就做。這種日記本不難找,大型

◀專心地製作屬於自
己的小日記

文具店都會有！我立刻買了理想中的兒童日記，然後帶著燦爛的笑容把女兒
叫到面前：

「寶貝們，來，我們來做勞作。」

「做什麼勞作？」兩個愛做手工藝的女孩兒立刻興奮地湊過來。

「我們來美化這兩本日記的封面，把它設計的超級華麗，然後帶
去澳洲！怎麼樣，很棒吧？」

「好棒喔！」小女兒歡呼！

「……這是作業嗎？」大女兒狐疑的問。真是聰明啊！馬上發現我的
計謀…

「不算啦……是日記……」我打哈哈想混過。

「我不要寫作業！」小女兒立刻抗議。

「不是，這不是作業，媽咪是希望妳們可以在旅行的過程中，把
看到的風景畫下來，把覺得好玩的事情記下來……這樣你們長大以後
看到這本日記本，都會想到我們去澳洲的回憶！」我認真的解釋。

完成囉！這是我們專屬的小日記！

▲這三本書都是我們這趟旅行最珍貴最重要的東西！

　　大女兒歪著頭想了想，點頭同意。小女兒看姐姐答應，也只好就範。還好，兩個人真的很喜歡「做封面」的任務，立刻開始畫畫、寫藝術字、剪紙花、找紙膠帶……把封面裝飾的花俏可愛，這本日記也從千篇一律的長相，搖身一變成為獨一無二、與眾不同的「澳洲旅行日記」囉！

　　說起作業，傳統台灣教育就是一直背背背、寫寫寫，姑且不評價「作業」這件事的好壞，但孩子們從幼兒園就被迫每天回家要寫功課，一聽到要寫什麼，直覺就聯想成「作業」。這趟旅行，我規定她們至少完成十五篇日記，不知道對於小小的她們，會不會是很大的負擔？

　　畫畫，一直是她倆的最愛，不辛苦。要使用文字寫下將近百字的日記……可能比較難。寶貝們，請原諒媽咪私心希望妳們養成「隨手寫」的好習慣，「作業」也好，「日記」也罷，相信媽咪，懂得隨心所欲「把思緒化為文字」，是很美好的事。

　　睡前，花半小時完成今天的回顧；搭飛機、等候餐點的空檔，拿出旅行小日記補充遺漏的心情；在大自然裡野餐或看到難忘風景時，如果能主動提

筆記錄感動，那當然更好……「旅行小日記」不但能填補多餘的時間，更能讓媽咪認識孩子的內心，從顏色、構圖、文字敘述看出他們關注的部分。這需要孩子們的毅力，與一點點父母給予的壓力，為了達成「夏令營」的教育意義，我們一起堅持，一起加油吧！

▲搭飛機的過程，小姊妹總是主動拿出日記本塗塗寫寫呢！

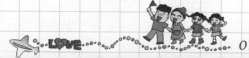

第二章
飛吧！澳洲！

飛吧！澳洲！

南澳
South Australia

新南威爾斯
New South Wales

阿德萊德 Adelaide

維多利亞
Victoria

雪梨 Sydney

墨爾本 Melbourne

 一家四口帶著滿滿的期待，出發！

理想中，當然希望如同下面這幅照片般和樂融融，但實際上，在機場裡根本呈現手忙腳亂、荒誕不羈的感覺。

首先，兩個女兒結合夏季與冬季的時尚造型就相當引人側目，又不停上演吵架又和好的鬧劇，挑戰爸媽的抗壓性；接著，全家四大四小的登機箱、背包無法託運要扛上飛機也是個大任務，連外套、頸枕都用紅白塑膠袋打包……還好孩子們派上用場，肩負起小小搬運工的任務，看起來非常不可靠的我們這一家，總算成功登機！

◀忙著吵架又忙著
　和好的兩個鄉土
　劇女演員

▲排隊登機囉！(姊妹還在忙著吵離開台灣前的最後一場架)

▲稱職的搬運工，連姿勢都很有氣勢

飛機上的第一夜

　　上飛機前，女兒們問我：「這次旅行還會睡機場嗎？」

　　我促狹地反問她們：「想不想再睡一次？」

　　兩人把頭晃的跟波浪鼓似的，看來上次因為轉機睡在樟宜機場，給她們留下不太滿意的印象。

　　女兒露出放心的表情一秒後旋即覺得不對。「可是媽咪，妳不是說要自己帶枕頭睡得比較舒服⋯⋯」

　　媽媽我神祕一笑，貼近她們耳邊，低聲說：「沒錯，不過這次不是睡機場，而是睡在飛機上！」

　　兩個女兒的臉立刻又皺得跟梅子一樣。

▲告別炎熱的台灣，飛向南半球！

▲大家晚安！

　　台灣飛往澳洲，直飛要九小時，加上我們轉機新加坡，整個飛行過程要十多個小時，免不了在機上過夜。搭上這種凌晨起飛的紅眼班機，只能祈求上蒼保佑身邊有空位，飛上天後就可以倒下睡覺，運氣好還可以一覺到澳洲。

　　酷鳥航空雖然是名字聽起來很鳥，卻很貼心，儘管我們沒付選位費，見我們帶小孩，在幾乎客滿的班機中給了我們家兩組窗邊加走道、中間空出來的位置。這也是我很愛搭酷航的原因，雖然是廉航，卻服務周到、心地善良……況且酷航的飛機很大，空間比起一般較窄的廉航來說，算是很奢華了。三個椅子連在一起的長度跟我的短腿正好吻合，我跟莉娜這組在起飛後立刻躺平，不顧形象的倒頭大睡，蝦仁、可頌麵包枕頭跟大衣發揮了良好的功效，飛機座椅簡直成為高空中的膠囊旅館。睡夢中隱約聽見空姐廣播將遇上大型氣流，搖吧，我心裡想，反正安全帶綁得好好，女兒也抱在懷裡，被窩正暖，在三千英呎上享受搖籃般的浪漫飛行，應該可以睡得更好……

陸媽小叮嚀：

飛機上溫度低，夜宿機上一定要準備保暖衣物，別忘了攜帶孩子習慣的貼身小物或被毯來安撫情緒。另外，因為長時間處在乾燥空調中，乳液（不能超過100ml）和護唇膏也很重要哦。

媽媽緊張但媽媽不說

　　以為可以輕易入睡，閉著眼睛，腦內卻不斷操演下飛機後該做的事，不由自主地把接下來半個月的行程都煩惱了一遍。好不容易入眠，又被一個可怕的夢驚醒，夢境清晰地令人心驚：

▲面對未知，心底仍免不了擔憂與害怕

　　彷彿慢動作播放的夢中，自己以不尋常的緩慢速度駕車駛過路口，路中有倒地不動的物體。努力想靠近一探究竟，卻怎麼也開不快，速度慢得讓人心急，花了很多時間終於看清，那竟是一具已經冰冷發灰的人體！驚嚇之餘放眼望去，馬路的周圍竟四處散落一具具毫無生氣的死屍……巨大的恐懼襲來，我瞬間坐起，很久沒有做惡夢了。

　　窗外的天際同樣發灰，剎那間不明白身在何處，幸好腿上的重量提醒我，孩子還好好的睡著。幫小女兒蓋好被子，喬好枕頭，另一側的老公和大女兒安穩相依偎。看著機艙外灰濛濛的天際，撫平自己震動的心跳。旅行的一開始就出現這樣的噩夢，怎麼想都是不吉祥的預兆。我知道這一定是反應自己對於未知路途的恐懼。希望只是夢。如果是神在提醒我什麼，謝謝讓我看見，我會謹記，小心，注意交通安全。

　　紛亂思緒中，我凝視地平線那端，天際隱約透出橘金色的亮光……是日出！我看了看時間，距離降落只剩不到一小時。

　　清晨的海面閃爍著碎碎亮亮的光影。我望著海，壓抑起伏的心跳，溫暖的陽光讓世界再度充滿希望，藍天、白雲、浩瀚大海。海洋彼端，絨毯般的綠色大地出現了！平緩的山丘起伏，溫柔的土地線條……那是大洋洲啊！此時，心裡滿溢著感動。握住睡夢中女兒的手，暖暖的小手傳遞給我安定的力

量。真的，這是真的。我們終於要踏上南半球的這一端，寶貝們，爸爸媽媽會用全部的力量守護妳們，讓妳們平安、沒有後顧之憂的旅行，讓妳們睜大雙眼，用自己的視角，看見地球的每個美麗片刻。

▲美麗的地球，是我們共同的家園

陌生國度裡的「不速之客」

落地後走出機艙，寒氣撲面而來。急忙幫半夢半醒的女兒們穿上長袖毛衣、厚褲與大衣。雖然揹著背包、拉著登機箱、套著蝦仁頸枕，穿著結合冬季與夏季元素的我們一家四口看起來可疑又狼狽，但至少在穿越擁擠的行李等候區可以享受小小的優越感。

我們領先大家一步走出機場大廳，看到電信門市大排長龍，旅客都在買預付卡，我得意地拿出預先在台灣買好的澳洲網路卡，內含十五天5G網路使用量與數十澳幣的通話費，只要台幣七百元左右，非常超值。小心翼翼裝進和朋友借的空機中，開機，搜尋訊號……4G網路滿格！太好了，沒有被騙！忍不住為了自己再度領先別人一步而竊喜不已。撥電話給租車公司，照對方所說的前往接駁巴士區，在巴士站的長椅坐下等候，一切看似非常順利。

▼冬天？夏天？傻傻分不清楚

▼邊等巴士邊吃早餐

終於可以稍稍鬆懈，深呼吸一口冰冷卻乾淨的空氣，甜甜的，混雜薄荷與霧的氣味。忽然真切的感受到我們正踏踏實實踩在澳洲的土地上。早上九點，氣溫十度，相較於台灣八月的高溫，這裡簡直美好！

　　「好舒服的天氣，對不對？」回頭問怕熱的莉塔，她興奮的直點頭，但是，妹妹莉娜看起來好像有點不對……仔細一看，冷得發抖的她兩頰竟然凍得紅通通，還起了一大片蕁麻疹！

　　「喂喂喂！妳怎麼變成這樣？」我立刻抓住正在瘋狂抓臉的小莉娜。
　　「好乾好癢……」
　　「不准抓！妳『蕁麻』了！」

　　妹妹和我都有蕁麻疹體質，很少發作，平均一年可能只有一次，但我個人累積多年的經驗顯示，還未完全發作的蕁麻疹可以用「意識」控制。這有沒有道理我也不太敢肯定？但至少應用在我身上是可行的，當蕁麻疹開始發癢，只要一抓，就會擴散成「真正的蕁麻疹」，但不抓，它就還是「可控制的蕁麻疹」，所以此時要告訴自己「我沒有蕁麻疹、我不會長蕁麻疹」，忽視它、鄙視它、忍住癢絕對不抓它，通常蕁麻疹會在十分鐘後自己消失。但反之，在意它、擔心它、忍不住搔抓，蕁麻疹就會立刻擴散成一大片而且愈來愈嚴重！

　　小時候因蕁麻疹去看了幾次醫生，但發現這個道理後就沒再被蕁麻疹擊倒，雖然前期的忍耐實在痛苦，但總比長了滿身紅斑塊好多了！妹妹第一次蕁麻疹發作大約是在四歲，也帶去看醫生，還被打了針，覺得很心疼，後來嘗試對妹妹實施「蕁麻心理控制法」，確實十分有效！因此當妹妹兩頰浮起明顯的蕁麻疹腫塊時，我立刻大吼：「妳『蕁麻』了！」妹妹經驗老道地放下手，乖乖立正站好，看來在台灣先累積「蕁麻疹自我控制」的經驗果然是對的。

幫妹妹的雙頰擦上護手霜（沒有藥，護手霜先擋一下⋯⋯），準備預防性的幫姐姐擦，姐姐一把把我推開，雀躍地告訴我：「媽媽我沒有流汗耶！」可憐的姐姐遺傳老爸汗流浹背的體質，在台灣每天都要換三套衣服，就算冬天都流汗，也無怪她「流不出汗」時這麼開心。

「因為澳洲現在又乾又冷喔！我想妳在澳洲的過程應該都不會流汗才對。」聽到我這麼說，莉塔姐姐露出大大的笑容，而莉娜妹妹仍在一旁乖乖站好、雙手貼腳，與蕁麻疹心理作戰中。看來這陌生的國家、陌生的氣候，已經開始「歡迎」兩個小姐妹囉！

◀傍晚，輕微蕁麻疹就
消退的幸運小妹

陸媽小叮嚀：

抵達澳洲就皮膚過敏，然後發現自己沒帶這類藥物，有點打擊我的信心，不過妹妹乖巧的配合以及「護手霜」及時的滋潤，讓我們幸運度過第一場小病。有時候心理的堅強可以戰勝生理的病痛，旅行中，請不停使用滿滿的正能量，給予家人信心與鼓勵吧！當然也要提醒，若孩子平時就有像過敏、氣喘⋯⋯等這些狀況，出遠門也一定要記得攜帶必備的藥品，務必要放在容易拿取的隨身行李中，以備不時之需。

「%#@*&@#&%*……」蛤？小姐，妳說什麼？

關於旅行的租車，我們一律採取「先預訂、付款完成」的策略。無論如何，事先預訂，才能多方比較，也能夠有優惠的價格。酷航官網訂車有兩個優點：第一，就是「有中文介面」；第二，「顯示台幣金額」，對於我這個「英文文盲」與「數學白癡」來說實在方便多了。

透過中文網頁，跨海租車一點也不難，但進入租車公司以前，我一直有個誤會，認為「我的英文不算太差」。

「我以前可當過兒童英語戲劇老師呢！」「我老爸老媽以前是教英文的呢！」「我可曾憑藉著我的破英文在日本、韓國、泰國、印尼等等亞洲國家暢行無阻呢！」綜合以上，我得到一個自以為是的結論……「我的英文應該不算太差吧？」但，我愚蠢的幻想，在取車時被無情的打碎。

在亞洲國家旅行，只要具備簡單的會話、打招呼、問路、應答能力就夠了，大家的英語差不多爛，相較之下並不覺得自己英文太糟，但到了亞洲之外，尤其像澳洲這種人民熱情、愛聊天的英語系國家，才發現要把心意流暢表達，簡直難如登天。從坐上租車公司的接駁車開始，司機噓寒問暖、非常親切，我想把抵達澳洲的滿腹感動告訴他：「你們澳洲的天氣實在太舒服了！又乾又涼又香，比

▼租車公司的接駁車

▲預定完一定要截圖保留憑證
▲截圖引用自「酷航官網中文租車圖片」
（http://cars.flyscoot.com/）

起我們台灣現在悶熱濕黏的狀態來說像天堂一樣，我們就是想來這裡避暑，沒想到比我們想像的還棒⋯⋯」，話到嘴邊，卻只擠出「⋯⋯The weather is nice，Taiwan is very hot now.」

簡直像笨蛋一樣。

土生土長的台灣人，即便學習英語多年，往往有同樣的弱點－很會背，閱讀沒太大問題，聽力尚可接受，但是「說不出口」。接下來的狀況，每況愈下。抵達EastCoast租車公司位於墨爾本機場旁的服務處，櫃檯小姐對我露出親切的微笑，我開心拿出租車憑證與國際駕照，以為會聽到熟悉的中文⋯⋯卻瞬間被飛快的英語給擊倒！

「%#@*&@#&%*⋯⋯」美麗的小姐連續說了兩分鐘後停下來，我愣愣地盯著她三秒，回頭問老公：「她說什麼？」接下來，雖然小姐體貼地放慢說話的速度，但是她解釋的一連串租車規範我還是一句話也聽不懂，在國外唸書多年的老公如同英雄般出現，開始同步翻譯，我人生第一次覺得老公這麼帥！

開車請「小心袋鼠」，一隻十二萬五！

還沒來的及享受老公難得的帥，就被他口中翻譯的話給嚇傻了：

「用酷航官網租本公司的車，本公司要先收取澳幣一百元的押金，透過酷航訂購的保險不適用本公司，若發生與人車對撞的意外一律收取澳幣三千元的賠償金，您必須自己再去跟酷航租車系統幫妳辦保險的公司申請理賠支付，因為我們是不一樣的兩家公司。」

什麼嘛⋯⋯明明租車時就載明了有含保險，怎麼有這種奇怪的規定！？
「下次建議您直接跟本公司租車而不要透過別的廠商。」櫃檯小姐繼續滔滔不絕的往下說⋯⋯
「必須特別提醒您的是，若是撞到動物造成車輛損壞則保險不理賠，您必須負擔最高五千元的賠償金。」

什麼！？！這句話太驚人了以至於不用翻譯我就懂了，我吃驚的詢問：「為什麼？」「規定就是這樣，動物無法保險，保險公司不理賠。」小姐露出一個美麗的笑容：「您就盡量小心不要撞上動物吧。」

　　我結結巴巴用爛英文詢問：「路上的動物很多嗎？」

　　櫃檯小姐聳聳肩回答：「看你們去什麼地方。等一下要去哪呢？」

　　「菲利浦島。」我說。

　　小姐微微一笑，用非常確定的口氣說：「很多喔，到處都是。」

　　我非常難得的體會到「背脊一涼」的感覺。五千澳幣？是多少？十二萬五千台幣？不小心撞到袋鼠要賠十二萬五！？後來租車小姐說了什麼，我已經一句話都沒聽進去，心情處於驚愕的放空狀態，也因此造就了回程路上一個極度驚險的狀況。

　　當租車公司的大叔帶著我們去取車時，我的驚嚇指數已經到達高點，趕忙把車開到租車公司外，暫且不想看到任何說英語的人。老公跟女兒倒是十分開心，老公搬完行李坐上副手席後立刻雙手一攤，一臉悠哉的樣子，女兒們立刻用枕頭、娃娃把後車廂布置成兒童遊戲室，而我，一個人愣愣地盯著右駕的方向盤發呆。因為我不信任衝動愛飆車的老公，所以在台灣我們就協議好在墨爾本由我開車、他負責看英文路標導航。

▼倉庫裡全是嶄新的白車

▼取車前要確認車上的刮痕與車況

▲踏上驚險的右駕人生

我發著抖，強迫自己用右手握住方向盤，左手放在排檔桿，告訴自己，要上路了！不可以有任何閃失！絕不能有任何意外！要小心謹慎每分每秒！

第一步，靠左邊行。記得，出去是直接左轉！左轉！左轉！要看右邊！看右邊！看右邊！我低聲喃喃念著口訣，小心地打下方向燈，然後雨刷開始瘋狂的刷了起來。我一邊尖叫、老公一邊指責、女兒連聲詢問幹嘛按雨刷？緊張之餘，我下意識的向右彎，右邊來車於是大按喇叭，我緊急煞車、左轉，在雨刷與方向燈齊亮的狀態下，邊深呼吸邊發抖的駛進公路。

這趟自駕之旅，才剛上路就感覺驚險重重啊！

陸媽小叮嚀：

其實習慣右駕後，並不難！但剛開始真的很緊張，這時候可以提醒家人一起幫忙留意路況、幫忙提醒開車者各種注意事項，全家一起解決右駕危機！也順便藉此機會提醒女兒，國際語言──英語的重要，學好英語才能暢遊世界呀！

澳洲之旅的第一站：竟是7-11

大約以時速四十開了五分鐘，我漸漸接受方向盤在右邊的事實。老公看我冷靜下來，才開口問我：「我們要去哪裡？」

我們要去哪裡？我也不知道啊！！腦中真的一片空白。「那個……你自己看行程表啦，上面都有地址！」

還好在台灣時做好一本厚達三十頁，無敵完整的「旅遊行程計畫書」，

Australia

▲初試右駕，實在是很有壓力！美景當前也沒心情欣賞……

詳列幾點幾分要去哪裡、要去地點的外觀圖片、地址，連路線都用Google Map模擬導航後截圖貼上。現在攤開這本書，有種深深的安心感。

老公用手機設定好導航，現在的出發時間對應抵達的時間，幾乎跟書中預測的旅行時間一樣，甚至還提前十分鐘。

「前方五百公尺，向左彎。」手機傳出中文語音。

「導航講中文耶！」我好驚喜。

「廢話，妳用台灣手機啊！」老公嗤之以鼻。

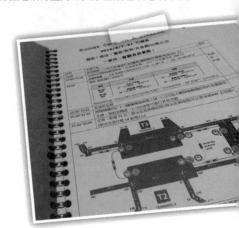

▲旅遊行程計畫除了列印出來外，手機裡、雲端硬碟也要備份資料喔！

吼，在國外待了十幾年的老公是無法體會我這個土生土長台灣人在異國聽到中文的感動的！心裡的緊張慢慢放下，肚子也餓了起來。

對噢，在飛機上過了一夜，廉航沒有免費餐點，我們已經十多小時沒吃東西啦！回頭問問女兒餓了嗎？發現兩個傢伙已經吃掉了一整桶放在背包裡的洋芋片，難怪默不吭聲。前方出現熟悉的招牌，我嘗試再度打了方向燈，停靠澳洲之旅的第一站：7-11。

來到陌生國家，什麼都很新鮮，澳洲7-11的鮮食區每樣東西看起來都好吃，碩大的蔬菜乳酪三明治、種類超多的熱呼呼肉派、沾滿糖漿的甜甜圈、大而蓬鬆的巧克力馬芬蛋糕或水果鬆餅……雖然價格不菲，香蕉一支兩元、甜甜圈三元、派四元、三明治五元、大杯拿鐵咖啡將近六元，換算成台幣都好貴，還是帶著新奇的心情買下去：一個派、一杯咖啡、兩罐飲料、兩個三明治、三個甜點，結帳竟然花了三十幾澳幣，超過八百元台幣！？哈哈，有種無奈的感覺。這就是澳洲的物價，要開始習慣囉。

▲7-11的櫥窗販售的商品跟台灣完全不一樣！

啜飲一口熱拿鐵……哇！澳洲咖啡是重口味的，好濃好香好喝！瞬間有一絲暖流淌過乾涸的心田，甜甜圈酥酥香香、又油又甜，再咬了一口肉派……派皮麵粉香氣十足，帶著鹹鹹的奶油味，肉餡濕潤濃郁還融入迷迭香、奧勒岡之類的香草氣味，是台灣吃不到的異國風情！美食安撫疲憊的身心，覺得方向盤雖然在右邊，但看起來已經沒那麼討厭，回想友人提醒的右駕小撇步：「只要靠著道路中線開就對了！」緊張的心情好像稍微平撫了些。雖然再度不小心打了雨刷，至少，我們擁有一台可以保護我們的小房車，帶我們駛向澳洲大陸。

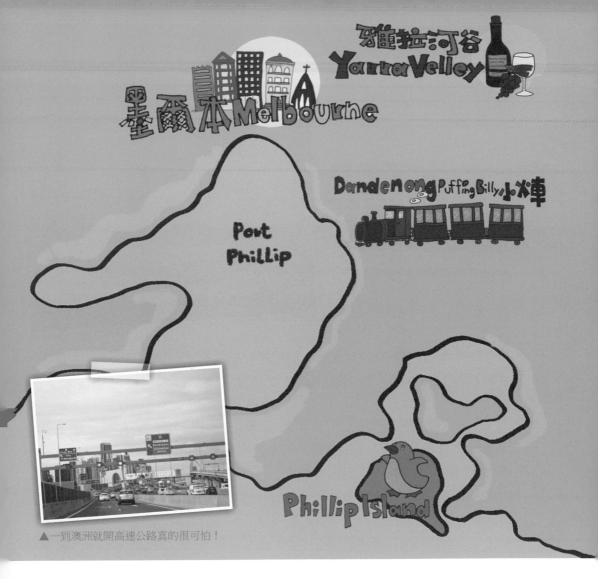

墨爾本Melbourne 雅拉河谷 YarraValley

Port Phillip

Dandenong Puffing Billy小火車

Phillip Island

▲一到澳洲就開高速公路真的很可怕！

 墨爾本 — 充滿驚奇的新大陸

高速公路驚魂記

從墨爾本機場開往郊區，必須先經過市區與高速公路，雖然有Google Map導航，我們還是因為不熟悉路況、錯過高速公路入口而在市區道路上打轉了好幾圈……

從四面八方傳來的猛烈喇叭聲可以想像，我一定成為了馬路三寶吧？

▲能夠開郊區的道路是一種幸福！

澳洲的郊外美景如畫▶

　　墨爾本人按喇叭沒在客氣的！超想在車後貼上大字報表示：「對不起！我剛到澳洲一小時，請給我一點時間適應。」

　　女兒們雖然開心的驚呼「房子好高喔！」「橋好大喔！」「卡車好漂亮喔！」但我跟老公簡直緊張的完全無法欣賞。高速公路十分嚇人，充滿電影裡演的那種長的很誇張比台灣大上許多的聯結卡車，而且比台灣還恐怖的是卡車可以在內線車道飛速狂飆！我右邊不停被卡車飛車超越，左邊又常常變成下高速公路的專用道，只好不畏眾車目光的龜爬在中線。大概是看起來太笨，還被超過我的後方來車比了中指，老公氣到指示我超車到他前面剎車（可以看出我老公開車有多不可靠了吧），但我當然沒這麼做！（都嚇到腿軟了誰敢超車啊？）只能說澳洲人雖然親切，但脾氣不好的也是有。

　　總之，這種種可怕的經歷，在開了約莫半小時離開高速公路後終於告一段落。「嗯，前後都沒有車，妳可以慢慢開了。」聽到老公這麼說，我才敢轉換心情看向周圍的景色。我們的小白車，駛近鄉間道路，駛過小山丘、落進寬廣的平原，而眼前，澳大利亞的無敵美景如畫般展開。

　　那是言語難以形容的美。純淨，遼闊，寬廣，溫和。綠草像剛被梳理過般寧靜地覆蓋大地，山丘以溫柔的角度起伏，樹木偶爾群聚錯落在田園中，

每棵樹都像童話故事裡該有的樣子。樹林後面偶爾躲著尖屋頂的小木屋，屋頂上的煙囪讓人幻想傍晚升起炊煙裊裊，整個風景散發著和煦的能量，一種不喧鬧張揚卻鮮明的氣氛。

「牛！有牛！」我驚呼。前方的草地有一大片牛群！

「牛在哪裡？」車後睡著的小姊妹一躍而起，順著我手指的方向看去。

「真的耶，是牛耶，有黑的黃的紅的白的牛……」

「那裡有羊！是白羊！」

「真的耶！毛捲捲的！是綿羊！」

「好多，到處都是！」

「那邊的山坡也是！」

「我這裡也是！有好幾千百隻……」

姊妹們興奮地開始尖叫，女孩兒的分貝總是有震破耳膜的能力。

▲滿山遍野的牛羊健康快樂的成長

「好啦小聲一點！」我和老公皺眉相視一笑，忽然有種幸福的感覺。

有女兒吵吵鬧鬧的聲音當背景，才有旅行的意義，眼前的道路筆直向前，我們的旅行，已經踏踏實實地展開，牛和羊當然沒有好幾千百隻，但是喜悅卻超過好幾千百，滿滿地漲上心頭。

▲親眼看到悠遊自在的牛羊群，真的很感動！

墨爾本旅行的首選－菲利浦島

▲通往菲利浦島的路橋

·說好的大嘴鵜鶘和海豹呢？

　　菲利浦島，常是許多家庭到墨爾本旅行的首選之處。集無尾熊、袋鼠、小企鵝、大嘴鵜鶘、海豹、海鳥……等等澳洲夢幻動物於一「島」，實在太厲害了！說它是島，其實與公路相連，所以一路開車過去並不困難，從墨爾本慢慢開到菲利浦島，約莫兩三小時可以抵達，路上風光明媚，帶杯咖啡邊開車邊欣賞美景，實在令人心曠神怡。

　　島內的親子活動有好多選擇，有農莊的剪羊毛秀、動物園參訪、野生無尾熊園區、小企鵝保護區、海豹岩……看似豐富，但每個園區都要走訪就必須花上許多時間與金錢。我們家預算不多，在島上也只停留半天一夜，與其走馬看花，決定採取盡量簡約、以免費景點為主的旅遊路線：

誰找我？

▲後來還是有在別的海邊遇到可愛的大嘴鵜鶘喔！

　　首先，開進菲利浦島的橋邊賞大嘴鵜鶘，接著，順遊環島，往免費景點海豹岩附近散步走走眺望海豹，最後到小企鵝保護區看企鵝歸巢（唯一付費行程）。但計畫當然只是計畫，第一站「大嘴鵜鶘」就失敗，根本沒看見半隻！大概因為我們到達時是下午，而鵜鶘們都是中午來等漁夫餵食吧？

　　對著空蕩蕩的鐵橋嘆了口氣，決定先前往位於考維斯的旅館辦理入住。

·暈！一個又一個的圓環

　　菲利浦島大多數居民都集中在「考維斯」這個小鎮，往小鎮的鄉間小路盡是歐式風情，座落在林間的典雅屋舍全是風景明信片上的樣子。

　　從入島到小鎮短短的路程，經過十餘個小圓環，慢慢發現澳洲郊區的道路邏輯：幾乎不設紅綠燈，只以一個又一個的圓環來控制十字路口的交通，所有圓環外的車輛一律禮讓圓環內的車輛先行，次要道路一律禮讓主要道路上的車輛先行。

▲隨時都有「KEEP LEFT」的標語，提醒外來遊客道路規範。

　　其實圓環有很多優點：不需要電力、不用擔心號誌故障、不需停等浪費時間、減少耗油排氣汙染……但這一切就必須建築在國民對「守法」的共識上。這讓我想起家鄉台南市中心重要的交通樞紐「民生綠園圓環」那驚險刺激的場景：三線道同時並行四輛車是常有的事，每一台車都爭先恐後、互不相讓的擠進、擠出圓環，要匯出圓環的車輛老實不客氣的塞住內線車道造成後方圍堵，你按喇叭催促，他還會回按一個更大聲的喇叭，兩相比較，只能搖頭嘆息囉！

　　想著想著……我忽然被後車按了喇叭！

　　「可惡！為什麼？澳洲人真的很愛叭我！我明明有禮讓……」
抱怨到一半，老公立刻直指我的錯誤。
　　「行駛圓環的規矩是一定要走在正確的線道上，要右轉才可以走內線，如果要直行或左轉請走外線，不能要直行卻貪求方便、截彎取直而走內線一口氣開過去，要遵照道路標線，按照你應走的車道行駛……不要把台灣的習慣帶來澳洲！」

竟敢講我！明明在台灣你才是最不守交通規則的吧！我怒瞪老公一眼後仔細看看地上，欸，真的耶，圓環的內線車道會標示「右轉箭頭」，外線車道會標示「直行與左轉箭頭」……

「哼！那不是很晃……又沒車……還要彎來彎去繞一個大弧度……」我喃喃抱怨……
「媽媽你要遵守規定！」
女兒也開始念我。

我知道啦！抱怨歸抱怨，接下來我可是非常守法的噢，再也不敢圖方便而恣意妄為了。不經一事不長一智，我得趕快適應澳洲的行車邏輯，以不被按喇叭、不亂打雨刷為目標，當個貌似專業的澳洲駕駛。

陸娓小叮嚀：

改變固有駕車的習慣並不簡單，尤其是住在台南市郊的我常常「偷偷」不遵守交通規則。藉由女兒們的提醒，我也告誡自己要改變不好的積習，以身作則，成為一個守法的好媽媽，當個討喜的台灣遊客！

▲碧海藍天的小島風光

▲可愛的鳥類在山路上隨意漫步

‧菲利浦島的自然美景

往考維斯小鎮的途中，經過野生動物園、無尾熊保護區……原來菲利浦島的主要道路就這麼一條，觀光景點都在十五分鐘左右的車程內，簡單又近，時間夠、荷包夠的話，確實可以把每個園區都走走！

確認完住宿，趁著天色正美，開始環島。陽光！草原！海洋！啊～～～真好！開著新車徜徉在島嶼風光的此刻，超想搖下車窗開心尖叫！

海豹岩位在菲力浦島的盡頭，沿路好多愛散步的大鳥好似都在公路上歡迎我們呢！我們遇見像黑面琵鷺又像鶴的長腳鳥、優雅的黑天鵝，還有大約一百公分高的大灰鵝，羽毛是藍貓般很有質感的灰藍色，鳥身渾圓，走路搖搖擺擺，超級可愛的啦！大灰鵝大多攜家帶眷，灰鵝爸媽帶著幾隻小灰鵝寶寶漫步在公路邊緣的草地上……這種隨處捕獲野生動物的感覺超棒！

▲眺望海豹岩的步道

海豹岩附近的風景真好，一邊是小山丘一邊是碧藍的海，有點像「墾丁龍磐草原」！而且漫步其中，也跟龍磐草原一樣，有種美歸美但快被風吹走而無法久待的感受。我們為了看海豹，忍著寒風襲擊，衝到離海豹岩最近的觀景台……這才發現事實上海豹住在頗遠的海中礁岩，用肉眼完全看不見半隻，望遠鏡需要投錢，我們又沒硬幣，看海豹計畫，再度失敗。

▲這就是海豹岩，可惜太遠了不容易看到棲息上頭的海豹群

▲山坡上都是可愛的企鵝小木屋，企鵝寶寶在家等待爸媽歸來

　　臨走前繞著海景步道散散步，終於發現一點驚喜！岩壁邊有很多以木片搭蓋的小洞穴，好像住什麼東西？探頭探腦研究一番，竟然看到小企鵝寶寶瞪了我們一眼後轉身把屁屁堵在門口！原來，這是管理處幫小企鵝搭蓋的小木屋豪宅！馬上把女兒叫來，女兒先是興奮尖叫的盯著灰灰圓圓的企鵝屁屁瞧，看了五分鐘……

　　「媽咪，我們要看牠的屁屁看多久？」嗯，這是個好問題。我想，我們還是直接前往「小企鵝保護區」比較實際！日落時分的盛會即將開始。

‧賞企鵝的小插曲─萌度爆表的海鷗

　　菲利浦島的小企鵝很神奇，總會在太陽落入海面的那一刻準時從海裡上岸，跨越海灘，回到沿岸而築的洞穴裡，數百年來每天皆如此，這可愛規律的返家之路成為大家口耳相傳的夢幻行程。澳洲政府於是在最容易觀賞企鵝歸巢的海濱設立了小企鵝保護區，循著企鵝居住的自然環境建造出步行棧道、沙灘座位，在不驚擾動物的狀態下，提供遊客近距離欣賞特殊的企鵝生態。

　　當然，這將不是個非常便宜的行程，想看小企鵝，有三種票價可以選擇，分別是比較遠的沙灘區、比較近的沙灘區、超近距離觀賞並且不受寒風侵擾的室內地下觀景區，最貴的票價一家四口家庭票要一百五十幾澳幣，接

近四千元台幣，媽咪我掐指一算，我們家⋯⋯適合入門款就好。到了現場也發現所有的排隊人潮都是買最便宜的票！哈哈，太好了，看來大家想的都一樣！（默默把多餘的預算收起。）

根據官方建議至少要在日落前一小時入園，提早到的時間可以在園區內漫步看海或者逛逛紀念品店。紀念品店這種地方十分危險，一進入園區我立刻飛也似的衝過室內衝出戶外，身後女兒一連串「有賣企鵝娃娃耶」、「有賣無尾熊背包耶」、「有賣袋鼠拳擊筆耶」、「有賣甜甜圈耶」⋯⋯這類的話一律裝作沒有聽見。女兒早就習慣媽媽逃離紀念品店的行徑，所以也只是碰運氣的喊個幾聲，「果然沒用」之後就乖乖跟上父母的腳步，到戶外享受大自然啦！

此時是八月中，冬末春初，夕陽落下的時間在傍晚六點。五點抵達的我們算是早到，又非假日，觀賞區很空，選了離海最近的第一排位置，腳下還能踩著細柔的沙灘。日落的海天一線很美，天氣也真的很冷⋯⋯沒有下雨的氣溫大約只有八到十度，冷到我拿出垃圾袋雨衣問家人們要不要穿上禦寒？卻被女兒們嫌丟臉而拒絕，好吧，女人就是「愛水不驚流鼻水」！

等待的過程只能看海，看了幾十分鐘也開始無聊，又冷又餓，聽說夏天要等到八九點才會日落？那可要等好久好久⋯⋯想著想

▼前方斜斜的屋頂就是小企鵝保護區的入口

▲購票處除了販售觀賞小企鵝歸巢的票券，也販售菲利浦島其他園區的活動

著，女兒們驚呼起來。原來是一大群海鷗將女兒團團包圍，歪著萌萌的鳥頭盯著女兒……手中的麵包！第一次有這麼多鳥近距離站在眼前，女兒們開心死了！海鷗的顏色很美，雪白面孔、紅紅小嘴、很有層次的灰色翅膀與渾圓身形，再加上充滿期待的大眼睛，連我都快融化了！

初抵澳洲的我們還不明白澳洲的海鷗跟台灣的麻雀一樣多，覺得稀奇又驚喜，毫不怕生的海鷗站在離女兒一公尺的沙灘對著女兒的麵包眨著雙眼、搖擺身軀，再發出幾聲懇求的呼喚，女兒立刻與海鷗墜入愛河，手上的麵包轉瞬間已經送入海鷗嘴裡……

「欸欸，不能餵！」我趕忙制止。
「為什麼？」女兒的愛心正爆發，覺得我是個狠心的壞巫婆媽媽。
「這裡是國家公園，是動物保護區，如果我們任意餵食，會破壞環境生態、破壞牠們自己找食物的能力……而且人類食物不適合鳥類，無論如何就是不行餵……」

不管我怎麼解釋，那群貪吃海鷗還是在我腳邊踏步、發出嘎嘎的懇求，真是萌度爆表的可愛！

・「小企鵝歸巢」……「觀光客行程」的反思

天色將暗之際，發生討厭的事。

接近六點，旅行團忽然如潮水般湧入，大概是有經驗的導遊都知道現在來才不需等待吧？但，此時，石階上的座位區已被早到的人坐滿，這些華人觀光團竟然做出我難以置信的行為……大搖大擺坐到保護區的沙灘上！這群沒禮貌的華人算一算有近百位，似乎屬於幾個不同的團體，唯一的共同點是「操著中文」，有大陸口音也有台灣口音，真讓人難堪。

保育員衝過來用英文宣導請他們退後、坐下，但這些說中文的人大多露出一副聽不懂的樣子，不予理會，繼續站在細繩拉起的隔離線前緣卡位。陸續有兩三個保育員前來宣導，這些華人依舊不理睬，以會擋到其他人的高度，佔據不應該被使用的沙灘保護區。

▲觀賞小企鵝歸巢的座位區，但晚來的觀光團竟然佔據前方的沙灘，令人錯愕

此時我真的好生氣！好想用中文大聲開罵：「你們可不可以有點禮貌，晚來的請往後坐，沙灘不是座位！」但是我終究沒有開口，難過到一句中文都不想說。

女兒們在此時問我：「媽媽，我被擋住了都看不到，我可以去沙灘上看嗎？」

▲保育員解釋觀賞企鵝歸巢的規定，此時天色尚亮，無禮的觀光團還沒來。

我低聲以極度冷硬的口氣說道：「絕對不准！就算我們完全看不到，也不可以做沒規矩的事，我們只能坐在座位區！沙灘是小企鵝回家的路線，盡量不要打擾牠們，沒禮貌的觀光客才會不顧小企鵝、不顧別人的感受，只想到自己。」

女兒仍用羨慕的眼神望著沙灘上那群「搖滾區」的觀光客。我不知道她們能明白多少，只能以身作則，用一點點微薄的力量，從自己的孩子開始改變。

在遊客們不滿的竊竊私語下，太陽終於落入海中。保育員無奈的走到大家面前，再度提醒大家接下來千萬不可以拍照，便轉身靜靜望著海面，當天空由灰藍轉換成靛藍的那一剎那，保育員舉起手，以手勢倒數「五、四、三、二、一……」我望向海邊，第一組企鵝真的準確地從礁岩後探出小腦袋，好神奇，超準時的！全場立刻傳出壓抑卻興奮的驚呼聲。

這組小企鵝大約十隻左右，體型非常小，灰黑色的羽毛不太起眼，其實如果不是知道自己要來看企鵝歸巢，大概只會覺得他們是普通的海鳥或鴨子。探頭探腦了約莫五分鐘，帶頭的小企鵝踩著慌張的小碎步、雙翅往後揹，以一副嚴肅又緊張的模樣，預備、起跑！啵啵啵地奔跑過沙灘，瞬間消失在緩丘的草叢之間。哇！那跑步的樣子確實是企鵝，超級可愛！但是還來不及享受興奮的心情，忽然一陣亮光嚇住了大家！這群華人觀光客竟然有人使用閃光燈拍照！

當下全場傳出倒吸一口氣的聲音……這真是太無禮、太令人無法置信了！小企鵝保護區禁止使用閃光燈，是一再宣導的基本

的常識，不是嗎？園方當然立刻前來關心，誤按閃光燈的觀光客也向保育員致歉，但我當下的心情已經糟到了極點，那種心情……言語真難形容啊。

坐了半個小時，大約看到四組小企鵝飛奔回巢。導遊開始呼喚各自的團客準備返程，沙灘上遊客們紛紛起身如潮水般退去，原本容納數百人的觀賞區，剎那間又變得冷清。嗯……所以小企鵝回家就是這樣嗎？與我想像的排成一長排，上百隻小企鵝回家的場面，是有些落差，但無損小企鵝的可愛，也無損此行程的特殊，小企鵝怯生生的樣子非常令人疼惜，敢在遊客面前築巢而居的勇氣，也令人佩服。

在窺視的目光下回家，是很辛苦的事吧？如果是我，也許會選擇搬家？
會不會這幾組小企鵝是僅存沒有搬家的一群呢？
會不會大多數的小企鵝都搬到島的其他地方去了？
會不會眼前這群企鵝也即將受不了陌生人類的窺看而計畫著搬遷？

我的心裡還是有股壓抑的難受，小企鵝，很抱歉，或多或少，我們都是造成你們困擾的元兇。

陸媽小叮嚀：

進入他人之境，遵守規定是非常重要的！當遇到明顯的違規行為，父母一定要向孩子做機會教育，可以提出問題來討論：「你覺得他們的行為正確嗎？」「他們的行為會帶來什麼影響？」「為什麼這群人會出現這種行為而其他遊客不會呢？」讓孩子用思考、討論後的獲益，來代替「書本」或「遊客須知」上書寫的刻板教條，讓孩子實際感受不當行為對環境的影響，以及給人的負面觀感，由內改變自私的意念、養成約束自己的習慣。

◀木棧道下方都是小企鵝的家喔！
白天看不出來，但晚上走出園區
時真的很多驚喜！

· 小小明星的臨別秋波

　　離開空蕩蕩的觀賞區，順著木板棧道往出口去，隱約看到腳下晃動的影子……忽然發現木板棧道底下有許多的小企鵝忙碌穿梭，洞穴裡，小小企鵝正歡迎父母的歸來，數量比起剛剛海邊看到的還多！回來的路勢必不只剛剛那片沙灘吧？此時保育員揮起旗子要遊客停步，靠近看看，忍不住笑了。竟然是有幾隻愛表演的小企鵝故意走上木板棧道搖頭晃腦，而保育員的職責是不讓人類靠近小企鵝，要禮讓小企鵝先行，小企鵝卻故意不走，揹著雙手盯著大夥兒看，有種「看什麼看誰怕誰」的感覺，實在太可愛了！保育員做出無奈的表情，要大家等等牠們，觀眾們倒是興奮不已，女兒也開心得不得了。

　　看著企鵝在大家面前耍帥，我的心情稍稍好轉，畢竟「一樣米養百樣人」，並不是每隻企鵝都很低調，有的企鵝也想當明星哪！澳洲政府把商業活動與環境保育做出妥善的結合，小企鵝們儘管缺乏隱私，卻能好好的、安全的在這裡生活，這個國家愛牠們、保護牠們，能活在澳洲的動物，很幸福。

　　走出小企鵝保護區，伸手不見五指的黑夜與寒風令人毛骨悚然，火速躲進車廂裡，打開暖氣，全家擠在一起取暖，老公呼氣在女兒臉上，被女兒毫不留情的嫌臭推開，後座吵吵鬧鬧叫著笑著，我大受打擊的身心終於溫暖起來。

　　問女兒：「怎麼樣？小企鵝回家好不好看？」
　　女兒發表了一句很中肯的談話：「我覺得海鳥比較好看。」

　　海、鳥、比、較、好、看！！女兒們，妳可知道我們這短短兩個小時要花一千六百元台幣？看海鳥可是一毛錢也不用花的啊！的確，平心而論，遠

方奔跑而過稍縱即逝的小企鵝歸巢，確實沒有在腳邊賣萌的海鳥來的親切。人群像潮水般擁擠的觀光活動，反而不若一家四口獨遊來的輕鬆舒適，大老遠跑來菲利浦島一趟，如果沒來看企鵝當然會被恥笑！但，看了企鵝後呢？一味追逐知名景點，是否真是旅行的意義？一如今天下午沒看到大嘴鵜鶘、找不到半隻海豹，但路邊大灰鵝的身影與貪吃海鷗的親切，我們卻記住了。

　　人生無處不是風景，不在計畫裡的偶遇，有時反而比精心設計的行程精彩。我更默默告訴自己，當我們身為「觀光客」的每一天，都要為自己負責，不要做出讓自己的人種感到難為情的舉動。我們無法控制別人，至少從自己、從下一代做起。

▲善用旅行中遇到的人、事、物來做為生活教材，便是旅行最棒的教育意義。

▲考維斯海馬旅館旁的小鎮風情

 澳洲的第一個飢餓夜晚

「考維斯」這個聚落，跟往後旅程中遇見的小鎮相比，可以算是特別熱鬧的一個。

大部分的澳洲小鎮規模真的很小，就一兩條主要街道，幾間小店：麵包店兼賣咖啡與肉派，可能是鎮上最重要的餐館；雜貨店的角落擺上桌椅，到了夜晚就成為鎮上唯一的小酒吧……頂多再一個加油站、一間公路旅館，就這樣。但這裡可是名聞遐邇的菲利浦島呢！觀光業發達得不得了，所以整個鎮的樣貌看起來就是高級住宅區的樣子，並不特別彰顯繁華，但是建築物太多，維護良好、富有設計感，到處都是精品飯店、汽車旅館，連澳洲連鎖的知名大賣場Coles和Woolworth都有！服飾店、書店、麵包店、便利商店、餐廳、加油站……要什麼有什麼，住宿此地完全不需擔心民生問題。

我們住在鎮上的「海馬旅館」，只要透過訂房網站一比較，就知道這是間十分便宜、適合家庭，環境也乾淨舒適的汽車旅館。原本從網路上訂了便宜的房型，到現場卻決定加價升等成「有廚房」的雙臥室家庭房型，這實在

不太符合小氣的我的邏輯……但，其實是因為看到小鎮上的大賣場，心裡有了盤算：反正外食消費那麼貴，這裡採購食材又這麼方便，何不在第一夜就享受「烹飪在地食材」的趣味呢？這也是了解澳洲本地生活最快的方式！

▲根本可以容納一個大家庭的雙臥室家庭房

當然，看到加價升等的房間實景也非常滿意，房間大約有二十坪大，除了有料理用具俱全的大廚房之外，還有小餐廳、大客廳、書桌跟兩個臥室！一進到「家」裡心就完全放鬆，完全是一種渡假的節奏！

▲主臥室的大床

▲溫馨的廚房與客廳就像一個舒適的家

▲孩子的兒童房，還兩大床呢！

陸媽小叮嚀：

如果「升等」可以換取更好的生活品質，身為母親會覺得很值得，畢竟，孩子們看到房間的驚喜表情，無價！但別忘了跟孩子分享，升等房型需要補上不少價差，在房間的享受上多花一點錢，那就可以節省一些零食、點心、玩具的開支，大家同心為提升旅行品質努力！

令人失心瘋的澳洲考維斯大賣場

看完小企鵝回到鎮上竟然已快八點！巨大的飢餓感如鐵鎚般毫不留情擊打著胃壁，一度想隨便找個小餐館，但如此一來加價換得的廚房不就浪費了嗎？不行！擁有大廚房的旅館可不是常常能遇見的，旅行，還是需要一點堅持，如果連我都動搖，那一定hold不住飢餓的家人，絕對不可以在旅行的第一夜就任意妥協啊！

▲大賣場的冷藏肉品區

對自己心戰喊話一番，堅定心智以後，先以「澳洲的店關的早，現在餐廳可能都關了」這類聽起來很假的理由轉移家人注意力，然後直接把車停進賣場後方停車場！

「被霸王媽硬趕入大賣場」的一家人，如同餓虎般衝入各自喜好的區域，陷入血糖過低的失心瘋的狀態：女兒們搬來無數糖果、餅乾、麵包、老公抓了一堆披薩、肉派罐頭，我則迷失在冷藏肉品區……

好便宜的牛排、羊排與各式肉品啊！丁骨牛排在台灣很貴，但是眼前的厚切丁骨牛排一公斤特價十三澳幣，澳幣與台幣的匯率約莫是1:24，換算起來一塊比臉大的牛排約只要台幣兩百多一點！羊肋排一片也不到台幣一百元，還有便宜又超值的珍味：「袋鼠肉」，四大片袋鼠菲力才七塊五澳幣！

蔬菜水果同樣非常厲害，許多澳洲特有的食材：如手臂

琳瑯滿目的季節特色蔬果▶

般粗的大蔥、如櫻桃般可愛的蘿蔔、如手掌大的蕈菇，鮮嫩美味的生食小菠菜……價格都很合理！在台灣很貴的哈密瓜現在半顆只要兩元（<NT.50）、大草莓一盒三元（<NT.75）……還有各式各樣義大利麵條一包都只要一元！這價錢不買怎麼對得起自己？

我的主婦料理魂完全燃燒！什麼都想買，大夥兒拼命地拿，簡直把推車堆成中元普渡的供桌一般。

等到推車再也沒有任何空間時，我忽然領悟……欸欸欸，我們的晚餐預算只有三十元噢！現在這台車是怎麼回事？你們該不會以為媽咪中樂透了？並、沒、有！

「各位！所有不能當今天晚餐的東西，通、通、放、回、去！」虎媽現形。
「我可以吃餅乾就好。」
「我可以吃這兩包糖當晚餐。」
「這裡我全部都吃得下……」

女兒與老公怯生生地辯駁著，但是當虎姑婆媽媽冷冽的眼神掃過他們身上，他們還是默默的把自己拿的東西放回架上。最後，推車上只剩媽媽選的東西……
「你們看看，有豐富的蔬菜、水果、肉類、麵條，營養均衡，媽媽是為了你們的健康著想好嗎？」媽媽我露出一個邪惡的微笑，不理會後方傳來抗議的眼神，逕自前往付帳。

·讓我投降的神奇玻璃瓶魅力

非常好，一包麵條、一袋麵包、一罐牛奶、一小塊起司、兩種肉類幾樣蔬果……這麼多東西買起來只要三十幾元，符合預算！準備回家煮菜囉。但此時，我的眼神被大賣場隔壁的一個小房間給吸引……

▲頂級酒不貴，而特價區的葡萄酒更只要五澳幣(NT.120)起，比水還便宜

那間房間裡……充滿了……神奇的玻璃瓶……我壓抑著自己的欲望，想要假裝沒有看到……

「媽咪，這間房間裡都賣妳愛喝的酒耶！」小女兒發現新大陸般跟我報告！

我的內心開始灑花，覺得……真是沒有白養她啊！可是，我才剛拒絕她買糖果和餅乾，我怎麼好意思要求說我想要……

「媽，妳要逛嗎？」大女兒大概感受到我的渴望，竟然完美的補上這一句。
「我……可以嗎？」我眼神閃爍，裝作不在意的問……
「可以啊！」大女兒回答，「不過……那我可以買汽水嗎？」
可惡！高招啊！
「媽咪，那我要買果汁！」小女兒立刻乘勝追擊，兩個小傢伙都十分精明！
「好吧！那……我們全家都一人挑一瓶飲料吧！」我說。

兩個女兒立刻歡呼起來，一溜煙的跑走。其實，我的內心也在歡呼啊！到了平價美酒的大本營澳洲，當然要把握機會大喝特喝啦！

澳洲的葡萄酒真的比水還便宜，最便宜的酒一瓶不到五元澳幣就買的到！我跟老公細心挑了本地產的白蘇維農與黑皮諾，女兒們選了汽水與果茶，帶著滿足的心，回到今晚的家。

陸媽小叮嚀：
設定預算再逛超市，全家人更能在有限資源中選擇「必需品」，增強全方位思考的能力，但……偶爾也給點小福利，吃零食喝飲料是郊遊、踏青最開心的時刻！

旅館裡的袋鼠肉初體驗！

冷颼颼的夜晚，可以在溫暖的旅館料理晚餐，再累都覺得很幸福。

兩個女兒主動自己去洗澡、寫日記，我和老公準備把剛剛的食材變一桌大餐：最重要的重頭戲當然是第一次嘗試的珍奇美食「袋鼠菲力」！

▲令人食指大動的食材！

不確定袋鼠肉可以吃多生？因此煎到五分熟後切開倒入紅酒悶煮片刻，鮮少脂肪的紅肉在六分熟時彈牙且肉汁豐富，八九分熟後肉質偏硬、富含強烈的鐵質野味，擁有難以形容的特別香氣，令人印象深刻。

丁骨牛排煎五分熟，用香料、鹽簡單調味，澳洲放養牛隻特有的草類清香表現在細膩富彈性的肉質上；當季蔬菜用奶油拌炒後與燙熟的義大利麵一同加入鮮奶與起司，做成蔬菜奶醬義大利麵，澳洲特產大蔥鮮甜的口感介乎青蔥與洋蔥之間，美味得不得了；小菠菜拌上橄欖油點綴切塊的羊奶起司，可以假裝是高級餐廳裡昂貴的希臘沙拉。

▲嫩煎袋鼠肉排佐紅酒醬汁

等到料理全部上桌，女兒早已洗好澡，穿好睡衣、吹好頭髮，乖乖坐在餐桌前，還幫忙把餐具都擺好，一副期待的樣子。平常吃飯愁眉苦臉的小孩，今天不用三催四請就自動自發，看來旅行的魔力真的能讓她們成長！看著她們餓呼呼的饞臉，真不知道該偷笑還是對她們感到抱歉……

▲澳洲的第一個晚餐，道地的澳洲美味溫暖了疲憊的身心

「累嗎？」我問。

「累！」「不累！」

「冷嗎？」

「超冷！」「明明暖氣就很
熱！」

　　兩個女兒總會有不一樣的答
案，愛拌嘴、愛告對方的狀，又離
不開彼此……「家人」大概就是這樣吧？其實，那吵吵嚷嚷的童言童語，也
正是為人父母的力量泉源。

　　為一家四口桌上的高腳杯斟上各自的「飲料」，舉杯。澳洲旅行的第一
夜，雖然在晚上十點才吃到第一頓正餐，但……敬精彩的今天！也敬我們這
一家、敬未來的旅程，敬……美麗的澳洲，乾杯！

 # 可以掛坐在窗外的「丹頓農山脈的蒸汽小火車」

蒸氣小火車野餐旅行！GO！

　　今天的行程第一站，是女兒期待萬分的親子行程：「丹頓農山脈的蒸汽
小火車（puffing billy railway）」！

　　出發前兩個月就被puffing billy railway官網上「乘客掛在復古蒸汽小火車
窗外」的經典照片給完全吸引，不但把這個行程列為旅行首選，還立下宏願，
希望安排一個「不一樣」的火車之旅，充分享受丹頓農山脈的人文風情。

　　火車時刻在官網上都可以清楚查詢，我照著時刻表左思右想，最棒的旅

▲百年蒸汽火車行駛在童話故事般的木棧道，穿越蓊鬱森林，美景令人屏息

行方式應該是：「趕上十一點十分那班小火車，先坐到終點lakeside遊憩、享受山城風光半小時，然後坐十一點四十的回程火車，於Emerald Station下車，有一個多小時的充裕時間享受野餐、深入走訪鎮內街道，然後銜接一點四十分的回程火車，大約兩點半回到起點Belgrave Station，離開丹頓農山脈。」

　　這樣一來，就不會只是「為了搭火車」而來到此地，更能深度體驗丹頓農山城的風情！但……一大早我的節儉計畫立刻為行程埋下地雷！

　　七點多就起床的我和老公，悠閒地沖咖啡、吃早餐，看到昨夜沒吃完的蔬菜肉類、還沒煮的麵條，突發奇想：

　　「不要浪費，把昨夜剩下的食材轉化為美味的野餐料理吧！」多環保啊我們！

兩人開始攜手做便當，有說有笑地煮麵切肉、嘗試味道，太過放鬆的結果就是，完成奶油菠菜義大利麵與黑胡椒牛排義大利麵時已經快九點了！還要清潔善後加上處理兩隻睡得香甜根本叫不醒的女娃！可想而知，行程大亂……

▲冒著蒸氣白煙的經典火車頭，像優雅迷人的老紳士

ㄅㄨㄅㄨ～火車快飛！火車快飛！

菲利浦島到丹頓農需要兩小時左右車程，九點半才慌慌張張往丹頓農山脈駛去的我們，抵達puffing billy railway的起點站Belgrave Station已超過十一點半，這延遲的半小時，就是拖垮「小火車之旅」的第一步……

十一點十分那班列車早開往山頂去，下一班列車十二點半才出發，行程硬生生被壓縮一個多小時！原定走訪lakeside這個最遠的山城，因為旅行時間減少，已無法停留，於是改購買到Emerald這個比較近的小鎮的車票，差了很大一段路，但票價都是一樣的，家庭套票一百零八元澳幣。唉，遲到損失的果然是自己的權益。

帶著一絲遺憾，把握時間逛逛丹頓農小鎮。也許是平日的關係？觀光氣味濃厚的鎮上卻沒什麼旅客，各式餐館、小商店、手工藝品店都空空蕩蕩……街道順著山勢起伏，許多店家的牆上彩繪巨大的畫作，微添趣味。

終於靠近發車的時間，進入車站心情才飛揚起來！超復古的紅色蒸汽老火車就停在眼前～彷彿走入懷舊電影裡的經典場景！

試探地詢問站在火車旁的車掌阿伯：「請問哪一節車廂可以把頭跟手都掛在窗外呢？」親切的阿伯笑瞇了眼睛，拍拍火車的窗戶表示「每一節

車廂的窗台都可以坐！」原來窗台就是坐位？哈哈，真是太妙了！

　　車掌阿伯看看我們的車票，示意我們上車，於是我們選了離火車頭最近的車廂，兩個女兒雀躍地爬上窗台揮舞著手腳，幾乎有半個身體掛在車外……她們一定覺得可以名正言順以這種調皮姿態坐火車非常開心吧？我其實有點緊張，到底會不會掉出去？

　　此時，火車汽笛嗚嗚響起，我甩甩頭，壓抑身為「媽媽」過度的操心，告訴自己：「這麼多年來大家都是這樣坐車的，等一下小心點就沒事。」

▲可以跨坐在窗外的火車，一定是每個孩子的夢想！

　　蒸汽火車頭啟動了，混雜煤灰的灰色蒸氣大量從煙囪中湧出，拂過坐在第一節車廂的我們臉上……好有fu啊！姑且不論是時光倒流的時代fu，還是煤灰打臉的顆粒fu，總之期待已久的蒸汽小火車山林旅行，開始嘍！

‧看得到、吃不到的義大利麵

　　火車向前緩緩行駛，隨著轟隆轟隆的引擎聲轉過彎道、轉進山坡，無論是月台還是馬路上都有好多觀光客舉著相機對著我們大拍特拍，車上的旅客也拿著相機瘋狂自拍，全車籠罩在一種新奇歡樂的氣氛裡。

　　熱烘烘的喜悅差不多持續了十分鐘才漸漸平息，我看看時刻表，到下一站大約還要二十分鐘，於是打開保溫野餐袋，檢查一下食物們的狀況……嗯！義大利麵還是微暖的溫度，非常好！其實可以趁熱吃，先讓小朋友吃幾口好了，這次出國特別帶了兩組旅行餐具組，就是為了隨時都可以野餐。等一下，餐具組呢？我的內心一涼……不會吧……

▲火車內的乘客都興奮地揮舞著手腳，在林道間歡呼

「寶貝們，餐具組放在哪裡啊？」

「在背包裡啊！」兩人齊聲回答。

「吼，媽咪，妳忘記拿了齁？」「我剛剛就說要揹背包妳還說不用……」

女兒們開始一搭一唱的指責我，沒錯，她們倆下車時說要揹背包，但我覺得大包小包太不方便所以狠心的拒絕了她們，這就叫做……自食惡果。

我不死心的翻著野餐袋，希望奇蹟發生，但事實證明，袋子裡除了義大利麵、麵包牛奶糖果餅乾果汁和酒之外，什麼餐具也沒有。

完了！怎麼辦？

「噯呀沒關係啦，到處都是樹枝，撿兩隻來當筷子就好了。」老公一派輕鬆地說。

此時此刻我再度覺得老公變帥了！這真是個好提議啊！但是，女兒們會接受這種野地求生的方式嗎？

「好耶！我們可以用木頭雕刻成湯匙！」

「魯賓遜他們家都是自
己做餐具的！」

沒想到女兒對老公的提議
非常滿意！出國前剛追完四十
集魯賓遜漂流記的卡通，果然
沒有白看哪！

「嘿！看我的！」說時
遲那時快，小女兒莉娜立刻懸
空著身子要去抓森林裡的樹
枝，引發我與老公失聲尖叫，

▲導致行程大亂的兩盤義大利麵⋯⋯

一邊怒吼一邊把女兒從窗外搶救回來，板著臉要她乖乖回到車廂內的椅子坐
好，不准坐窗台上了！

「我餓了嘛⋯⋯」小莉娜委屈的說。真的，已經快下午一點了，好餓
噢⋯⋯美食在旁卻只能飢腸轆轆的等待。

‧險象環生，只為了一雙「筷子」

好不容易抵達下個站，Menzies Creek Station。忽然車上有多達一半的乘
客都下車去，讓我們一家嚇了一跳。

「怎麼了，為什麼大家都下車？」老公問我。

我發現這些乘客又都跳上對面月台的火車，研究一下手中的時刻表發
現，原來這個時間點，12:59～13:00，剛好會在這個站的兩個月台間有交替來
回的火車，所以大多數的觀光團都是選擇這個班次，從起點站出發，坐三十
分鐘的小火車看看風景後，再立刻跳上回程火車，整個蒸汽小火車旅行只需
要一小時，相當精實，也體驗了大部分迷人風情。

其實這樣不錯欸，我心裡想，旅行團果然有他專業的地方，而且票價省
了三分之二呢！此時，對面的火車已擁擠不堪，我們一家四口興致盎然地看

著許多旅客擠不進去車廂裡，站務人員忙著分散乘客，心底慶幸自己不需要人擠人。忽然，汽笛嗚嗚嗚起，火車煙囪冒出好大一陣白煙……

什麼！？要開車了嗎？

「爸比！筷子！我們的筷子還沒撿！」小莉娜驚聲尖叫！

對耶！噢糟了！老公也一臉緊張地衝出車廂外，但是，放眼望去，月台乾淨得不得了，哪裡來的小樹枝可以撿呢？

樹林近在眼前，但是要跨過鐵軌，想必是不可行的，看著僅僅十公尺外，樹上、地上掛著滿滿的「筷子」卻拿不到的感覺，好悲傷！

「啊！爸比，月台那裡有個小商店……」

「爸比，你可以去跟老闆買餅乾然後順便要一隻小湯匙！」

「買冰淇淋就一定可以要湯匙了！」

女兒們展現聰明的頭腦，幫忙出主意，老公試圖想前往小店，車掌先生卻皺起眉頭要他快上車坐好，小火車的引擎轟隆轟隆開始運轉……

「不能去了，火車要開了……」爸比皺起眉頭。

「什麼！？」媽媽我傻眼了！不行啊，這個站之後還要再開二十分鐘才能到下一站，而且下一站的預計行程是走出站外看風景、玩公園、逛小店的，可沒時間吃東西！ 但，無論我們有千百個不願意，火車還是頭也不回地開進森林裡。

小女兒哭喪著臉：「媽媽，我好餓……」

「我知道，可是沒辦法……」我試探的問：「用手吃好不好？」

老公與女兒立刻用看外星人的眼神看我。

幹嘛？千百年前還沒發明餐具的時候人類也是用手吃飯的啊！

「媽咪，我好餓，我可以吃巧克力嗎？」

「那我可以吃牛奶餅乾嗎？」女兒開始撒嬌。

好吧，我想總不能一直餓下去，「吃完飯才可以吃點心的原則」就先擱一邊吧。

▲搭火車吃零食，比吃正餐開心多啦！

女兒立刻容光煥發的打開點心袋，看著她們開心吃零食的燦爛笑容，實在有種又好氣又好笑的無奈。好吧，還有十分鐘，忍耐一下！

窗外的風景都是森林，沒有太大變化，火車不停在樹木間穿梭，燒煤炭的煤灰隨著每次加速噴在我們的臉上，我決定暫時不掛在窗外，躲進車廂裡，這十分鐘開始有點無聊……

‧放我們出去！我們想下車！

好不容易抵達美麗小山城Emerald Staion，我們踩著輕快的腳步跳下車，車掌阿伯卻跑來叫住我們：

「這是最後一班往lakeside的車，等一下就沒車了！趕快上車喔！」

什麼意思？這句話害我緊張起來，剎那間無法理解車掌阿伯要表達的意思，趕忙問老公他說什麼？

▲帥氣又熱心的車掌阿伯！

「他說等一下就沒車了耶！我看我們上車好了」老公一臉害怕的樣子。

「怎麼可能，時刻表上明明寫三十分鐘後這裡有一班回去的火車！」

▲真沒想到搭小火車
會這麼餓！

老公半信半疑的問車掌：「這班車會再回來嗎？」
車掌斬釘截鐵地搖頭表示「不會」，示意我們上車。

　　情急之下我也混亂了，擔心會不會有不同的路線，想
請老公再問清楚，還沒討論完，汽笛又無情地響起。這個
站的停靠時間只有一分鐘……

　　「到底要不要上車？」老公問。
　　「我也不知道……」
　　「萬一真的沒車了怎麼辦？」
　　「那至少讓我去找一雙筷子……」我絕望地說，卻立刻被老公拒絕。
　　「不行！要上車就要快點上車，全車都在等我們了！」

　　一回頭，真的，車掌阿伯和掛在小火車窗戶上的所有旅客都盯著我們
看，上百雙眼睛令我們非常害羞，只好在眾人瞪視的壓力下，又回到原來的
車廂、原來的位置，火車再度開進森林裡。

・走鐘的浪漫

　　一上車我整個火氣都上來了！攤開時刻表仔細瞧瞧，沒錯啊，三十分鐘
後這個車站會有一班車經過！然後我明白車掌的意思了。就是現在我們所乘
坐的車是今天「最後一班到lakeside的車」，如果錯過後就去不了。問題是我
沒有計畫要去lakeside啊！我只要坐到剛剛那站就好！真是一個出乎意料漸入
絕境的發展，該怎麼辦？

　　仔細核對時刻表與傍晚其他行程，無奈地確定一件事：我們只剩下「坐到下
一站lakeside，然後立刻衝到對面月台搭乘另一班車返回起點」的悲傷選項了。

　　這也太悽慘了吧！？我到底在幹嘛？為了煮義大利麵趕不上火車，結果
還完全吃不到！筷子沒找到也就算了，原本至少還可以在Emerald小鎮散步遊

憩半小時體驗山城風光，而現在卻在火車上整整被關了兩個半小時！浪漫火車之旅完全走鐘！

▲匆匆一瞥的終點站Lakeside

此時此刻唯一的慶幸⋯⋯就剩「隨身包包裡有紅酒杯」這件事了。呃，我知道沒帶餐具卻有帶酒杯很諷刺，但在這種狀況下，還是不幸中的大幸！我倒了杯酒，跨坐在窗台上。午後的山林起了寒意，拉緊衣領，感受冰涼山風擊打臉上那股毛細孔縮起來的戰慄感，瞇起眼睛避開碎煤灰的攻擊，小口小口啜飲紅酒。沒關係啦！人生本無盡如人意，還有餅乾吃、有酒喝，多好？

抵達終點站Lakeside時，要返回起點的火車已在對向月台等候，一分鐘後啟動，我們匆匆忙忙的下車上車，連仔細看一眼Lakeside山城的時間都沒有。

回程大夥兒無位可坐，悶悶不樂地站了將近一小時。盯著車廂外不變的綠，我忍不住承認，「美好的小火車山林野餐旅行」已淪為「無奈的小火車發呆之旅」。我要記取這次的教訓，嚴守旅行計畫的時間！希望接下來的旅程中，NG的部分愈少愈好。

陸媽小叮嚀：

旅行計畫本來就趕不上變化！面對走鐘的行程還是要正向看待，失敗的經驗，反而是全家人茶餘飯後的有趣話題，最難走的路往往是最美的回憶。別忘了告訴家人，下一個景點會更好！

另外，小火車建議乘坐短程，感受風景即可，全程來回頗花時間！務必從官網確認時刻表喔！官網網址：http://puffingbilly.com.au/

雅拉河谷──飄著酒香的溫柔綠野

　　下午三點整，我們準時離開丹頓農山，往墨爾本近郊知名的觀光酒鄉「雅拉河谷（Yarra Valley）」去。導航顯示抵達位在亞拉河谷中央的旅館只需要一個小時的車程。

　　「不是還早嗎？要不要先去其他地方？」老公看到路上許多巧克力、乳酪工廠的指標。

　　「不行耶……」我支支吾吾地解釋……「澳洲人很早下班，我們的旅館位在葡萄園裡，早一點check in，可以讓櫃檯早點休息，也比較有時間可以在天黑以前在葡萄園裡散步……」

　　這不是假話，澳洲住宿的特色是check in與check out的時間多比亞洲旅館早，通常中午一兩點後就可以進房使用設施，但早上十點以前就要退房（甚至有九點半就要退房的）。尤其郊區地廣人稀，大多數的旅館主人並不住在附近，櫃檯五點準時下班，如果五點後才到旅館，可要有露宿街頭的心理準備。

　　「媽咪，我們今天住在葡萄園裡？」小女兒問。

　　「對啊，很棒吧，就住在葡萄園中央呢！釀酒用的葡萄藤會長的像矮樹一樣，跟台灣細細捲捲的葡萄藤是完全不同的樣子，很特別噢！更屬害的是旁邊有四個酒莊，都是用我們這塊葡萄園種的葡萄釀酒喔！這四個酒莊都是走路五分鐘就到的了，很近呢！」我興奮的滔滔不絕，此時，大女兒下了一個非常屬害的註解……

　　「我想我們這麼趕著出發，就是媽咪想趕快去酒莊吧？」

這句話害我差點打滑，趕緊抓穩方向盤，打哈哈帶過：「哪有啊，怎麼可能，早點到比較可以到附近散步嘛。」

「附近的酒莊都有品酒服務嗎？」老公見縫插針，我又立刻上鉤。

「當然啦，不過都只開到五點，所以超級趕的。」

「你看吧！媽咪果然是趕著去喝酒的！」女兒下了結論。

▲葉片即將落盡的葡萄藤蔓

嗯……噯唷，安排了一連串兒童行程，接下來當然是輪到爸媽的大人行程了嘛！況且葡萄園的風光明媚，我相信女兒們妳們一定也會喜歡的！

往雅拉河谷的路會穿越許多森林與田園，常常轉過一個不經意的彎道，就遇見彷若畫中風景的美麗小鎮，各具風格且配色優雅的斜屋頂洋房聚落、精心修剪花木扶疏的庭院，微笑的婦人牽著狗散步在井然有序的街道上，然後兩三秒出了小鎮，又是一望無際的綠色大地。

▲雅拉河谷美景，被悉心栽培的葡萄園。

儘管人煙稀少，道路仍被用心維護，一路走過的普通鄉道都路況極佳、平坦順暢，傍晚的陽光為平原綠草染上光澤，牛羊皮毛閃閃發亮，愈靠近雅拉河谷，線條柔緩起伏的坡地出現井然有序的葡萄田：一排排約莫一公尺高的矮樹被固定在木架上，那是已長成灌木樣貌的葡萄藤蔓，以可愛的丫字形站在田園裡……

那一望無際的葡萄園美景，正是酒類圖鑑封面上的景色啊！看到這片景象，心裡充滿感動，我這個葡萄酒愛好者終於親身來到酒鄉！可惜現在是冬天，葡萄藤光禿禿的，無緣一嘗甜美果實，不過乾爽的空氣在敞開的車窗間流動，土壤與植物氣味充滿胸口，這，就是酒鄉的味道吧？

陸媽小叮嚀：

還記得我們提過的「一半一半」旅遊哲學嗎？安排小孩喜歡的地方之外，父母一定不能忘記自己的興趣，別因為孩子而捨棄自己，要讓孩子知道尊重彼此的重要。孩子終會長大，父母保有自己的生活喜好，才是健康親子關係！

・好美啊！我們住在葡萄園的中央

跟隨萬能的Google Map指示，夜宿的旅館，De'vine Escape，已近在咫尺。不過走在葡萄園中的小徑，還是有點戰戰兢兢，有一種闖入農園的錯覺，順著窄小的產業道路左彎右拐，爬上山坡又降下深谷，終於看到不起眼的旅館招牌。

我想與其稱之為「旅館」還不如說是「葡萄園內的民宿」比較適合，因為寬廣的葡萄園正中央，蓋了一條狹長的屋舍，標準的「座落於葡萄園中」。外觀看起來很樸實，屋外一台車也沒有，難道我們是唯一的客人？開始出現些許的緊張，不知道房間是不是真如訂房網站的照片那樣美麗？

◀不要懷疑，這小小的看板就是旅館的招牌

▲舒適的房間，幾乎是伸手就可以摸到的葡萄園住宿體驗

　　走入櫃檯辦理入住，櫃檯阿姨親切地交給我們鑰匙並說：「附近所有的酒莊都有提供品飲，但請在五點以前到達喔！」

　　唉呀！真是重要的提醒啊！看看時鐘，已經四點了！火速趕家人進房，約定五分鐘內立即出發「散步」，不過進到房間裡，我卻像被磁鐵吸住一樣，一點都不想離開……那窗外的風景會讓人尖叫啊！

　　一走進房，明亮光線從整片落地窗流入房中，大片種滿葡萄藤的山坡就在眼前，躺在床上幾乎會出現「睡在葡萄藤間」的錯覺，彷彿打開窗戶伸手就可以觸摸到被悉心栽種的黑皮諾、白蘇維農、夏多內葡萄……天吶，這美景，這雅拉谷地的自然風光，我會記住一輩子！

▲繽紛的花園籬為房間與葡萄園做出優雅的區隔

·今日諸事不順、萬事不宜？

　　正當我還黏在窗邊享受慵懶的午後，老公已經把午餐沒吃的義大利麵用房內的微波爐加熱完成，還招呼女兒們一起坐著大快朵頤⋯⋯回頭看到他們三個「把快要壞掉的麵吃掉」這天倫之樂的畫面，我簡直感動到熱淚盈眶！

　　「老公，你今天怎麼這麼乖，一點都不浪費⋯⋯」
　　「廢話，這裡鳥不生蛋的連個便利商店也沒有，只好吃現成的。」
　　「你以前寧可捱餓也不想吃剩菜⋯⋯」
　　「等一下要去喝酒，不墊墊胃怎麼有戰力每一款酒都試？」老公霸氣回應，我只能說⋯⋯叔叔有練過，果然專業！

　　女兒們跟老公一起搶食，所謂「米搶卡好呷」，飢餓三人組大呼好吃，瞬間把兩大盆麵吃光光，總算一掃中午的怨氣。
　　填飽肚子，蓄勢待發，帶著這股氣勢，我們一家四口立刻往最近的酒莊衝！

　　走路一分鐘就抵達位在旅館後方的第一間酒莊，但⋯⋯它⋯⋯關⋯⋯門⋯⋯了⋯⋯明明還不到五點！也太早下班了吧？
　　然後，經過旅館櫃檯時，櫃檯也關門大吉，整個葡萄園中央彷彿只剩我們一家⋯⋯
　　我帶著緊張的心情往山坡上爬，山坡上有個用黃色石磚砌起的黑瓦農舍，應該是酒莊吧？但走到那屋舍前，還是沒開！（真是太傷心了）

　　▲可以眺望山坡下葡萄園美景的酒莊，可惜還沒五點就關門了。

但是女兒們倒是非常歡樂，因為光禿禿的葡萄園旁種了好幾顆檸檬樹，檸檬掉滿地，兩人立刻幻想自己是賣檸檬的小女孩，開心的撿檸檬、角色扮演去了。唉，我最怕的就是這種結果！好不容易趕到葡萄園中的旅館，周邊酒莊卻都關了，整天的行程超級不順，難道今日諸事不宜？

‧鐵皮屋裡藏美酒！

　　我沮喪的往山谷眺望，時間一分一秒逼近五點，品酒時間即將結束，現在趕去別家酒莊也沒有用了。

　　「Hello？Wine tasting？」耳邊忽然傳來若有似無的聲音，聽起來有點遙遠、有點飄渺，那是天籟嗎？

　　我跟老公同時回頭，在距離黃色小屋約莫一百公尺處的山坡上，有個不起眼的鐵皮屋，聲音是從那裡傳來的。一個笑咪咪的澳洲大叔站在鐵皮屋前對我們招手，手上還拿著……酒瓶？

▲和藹親切的莊主，與他親手釀製的美酒

　　我們立刻飛也似的往鐵皮屋奔去。鐵皮屋裡讓我們大吃一驚，竟然充滿了橡木桶與葡萄酒的香氣？原來，這間很妙的鐵皮屋裡竟藏著精品小酒莊 "Corniola Winery"！而這位大叔，正是這間的莊主&釀酒師 "Vince Corniola"。

　　我壓抑著興奮的心情，先禮貌詢問莊主是否要休息了？畢竟已經五點。但莊主立刻豪氣的把我們領到品酒室，表示：「**盡量喝吧，別管時間了！**」

　　所謂的品酒室，其實也是莊主的釀酒工作室。在儲滿美酒的倉庫裡，直接在橡木桶擺上他自己釀的酒款，然後，就開始幸福的品酒時光，從第一款

▲直接在裝滿酒的大橡木桶旁品飲莊主的手藝

▲藏著美酒的綠色鐵皮屋

▲人手一瓶美酒，與可愛的老闆滿足合影，謝謝你給我們很棒的回憶！

夏多內氣泡酒，第二款白蘇維農葡萄酒，到具有豐厚哈密瓜香氣的粉紅酒，接著是他特別引進的的幾款特殊品種葡萄釀製的紅酒……一杯接一杯，迴異的風格、富含大地風土的氣味、時而絲絨時而強勁的丹寧，在莊主精闢用心的解說下顯得分外美味。這些酒，品的不只是味道，還品了莊主家族的故事、品了農人對這塊大地的栽培、品到釀酒師傅對桶內葡萄酒如孩子般的疼愛……我們的心，已經搖搖擺擺地飄到雅拉河谷之上，踩著滿溢的幸福感漫步在雲端，軟綿綿暈陶陶。

老公與莊主相談甚歡，而陷入表達障礙的我，則專心品酒、買酒，果不其然在酒精的催化下，把留給雅拉河谷的所有酒類預算通通花光光，真不知該開心還是搖頭？總之，在夕陽沉入山谷的魔幻時刻，我們依依不捨的向莊主告別。我和老公抱著滿懷的酒、女兒們抱著一堆有機檸檬，踏過芳草鮮美的山坡，在夕陽餘暉下滿載而歸。

陸媽小叮嚀：

危機就是轉機，沒想到諸事不順的一天可以在傍晚有快樂的結局！不要因為一兩個挫折就對旅程失去信心，美好的體驗一定在後頭等著你！

還有，大家一定很好奇，爸媽在酒莊的時間孩子怎麼辦？像這種位在大自然裡、有整片大草原的酒莊，孩子可以玩得很開心，也很安全，但都市裡的酒莊可能就比較不適合小孩，爸媽安排行程時可以多方考慮。

與澳洲美食的一期一會

踏上澳洲大陸已經兩天，也就是渡過五個正餐時間，但很神奇的⋯⋯我們一家四口還沒有去餐廳吃過！第一天剛落地，早餐忘記吃、午餐買便利商店、晚餐自己煮；第二天，早餐吃麵包、午餐做便當、下午茶吃午餐沒吃的便當⋯⋯貌似節省，卻也有點淒涼。還好對於吃，女兒們很隨興，大女兒食慾好，小背包裡塞滿麵包牛奶海苔點心，不會讓自己餓著，小女兒最討厭吃東西，沒飯吃反而開心。

當下午品酒後的微醺退去，時間接近晚上七點，我們才意識附近什麼店也沒有，夜色籠罩的葡萄園空無一人，放眼望去除了葡萄還是葡萄，老公悠悠地問我：

「今天晚餐要吃什麼？」
「咦，你們不是吃過義大利麵了嗎？」
「你說剛剛那幾口便當嗎？那是午餐！」老公十分不滿，看來他的猛爆型飢餓發抖症快要犯了。

我老公患有猛爆型飢餓發抖症，確切症狀就是：不餓時看起來一副沒事的樣子，但是飢餓症發作，會瞬間無力、發抖、看到食物就往嘴塞，陷入非理性的獸性狀態。我需要在他變成動物之前趕快把他送到附近的餐廳才行。

「快！女兒們！準備一下，我們出門吃晚餐！」

「要吃什麼？」女兒狐疑的問。

「妳們想吃什麼？」

「奶油義大利麵！」「披薩！」「薯條！」「肉肉！」……

女兒們起閧著點菜，不出所料全都是所謂「沒營養」的東西，但……剛好澳洲餐廳就只賣這些，要是點炒飯我還真沒轍呢！所以我難得豪氣的說：

「沒問題！義大利、麵、披薩、薯條、肉肉通通點，再多點個炸魚給妳們吃！」

▲和孩子一起享受澳洲鄉村的美食巧遇

◀直接在Google Map上搜尋旅館地址，再放大檢視周邊，是尋找餐館與景點的好辦法

「耶～」女兒高聲歡呼，主動飛速穿好外套與鞋子。

老公狐疑的看我，問道：「這附近看起來黑漆漆的，妳怎麼知道要去哪裡吃？」

嘿嘿，身為規畫行程控制狂的我，怎麼可能陷入在荒郊野嶺捱餓的情境呢？當我訂下這間旅館時，我就用Google Map放大檢視了這個葡萄園的周邊，研究了周圍所有的店家並且點入官網仔細查看，獲得結論：大約距離五公里處，有「唯一」一間當地人推薦且「晚上有營業」的家庭餐館！

「為什麼其他餐廳晚上都不營業？」老公問。

因為雅拉河谷酒鄉雖然有許多酒莊設有餐廳，但大多是為了觀光客設立，價格較高、缺乏本地消費者，只能白天營業。本地人會去的可不是酒莊餐廳，而是溫暖的咖啡店式小餐館，那才是道地澳洲人吃的家庭料理，也是Dixons Creek附近唯一會在晚上營業的餐館。而且，這間店還對小孩非常友善喔！

　　「好耶，就是要吃這種店。」老公聽的連連點頭。
　　「什麼是對小孩友善？」女兒問。

　　因為路程只要幾分鐘，還來不及回答女兒的問題，目的地："Dixons Creek Cafe"的招牌已出現眼前。

郊區小店溫暖體驗！

　　這間位在公路邊的隨興小館，遠看跟個加油站沒什麼兩樣，老公與女兒對暗夜中的簡陋招牌露出狐疑的神色。

　　我們把車停在餐館前的砂石空地，有點膽怯地透過窗戶窺視，原木色調的室內空間簡單溫馨，牆角壁爐火光搖曳著，透出暈黃暖和的光線，裡面座位頗多，滿滿的客人正滿足的用餐談笑……

▲當地最受好評的家庭餐館，每逢周一周二，兒童用餐免費！

　　此時，雨絲開始飄落，氣溫驟降剩不到十度，顧不得遲疑，全家迅速拉緊衣帽下車、躲進Dixons Creek Cafe，迎面而來暖呼呼的溫度與撲鼻食物香氣包圍我們，混雜牛油、肉排、香料與咖啡的氣味，掃走濕冷，也帶來飢腸轆轆的期待。

　　「嗨，今天兒童用餐免費噢。」有圓滾滾身材與美麗笑容的紅髮女孩前來遞上菜單。

▲美味的燉羊肉與高麗菜沙拉＆無法一口咬下的巨型漢堡

「哇，真的有欸！」我忍不住雀躍，低聲跟老公說：「我在臺灣查資料時就有發現這裡每周一、二免費招待兒童餐，沒想到是真的！」

「媽媽，你說什麼免費？」「有兒童餐嗎？」女兒聽到關鍵字，連聲追問。

「對啊，我剛剛不是說這裡『對兒童很友善』，就是說這件事，禮拜一、禮拜二，餐廳會免費請小朋友吃飯喔！」

「嘩……這裡的老闆超好的耶！」女兒的眼睛變成愛心。

我的心裡也有好多好多的愛心，因為，真的好餓啦！我要大點特點！

澳洲家庭菜色比起歐美來說似乎清淡一些，並不會太鹹太油，麵包很少免費提供，要以一份十元澳幣以上的價格單點，但會附上新鮮起司、特製醬料、醃漬橄欖甚至蔬果，以一道完整料理的方式呈現，這樣的麵包盤很適合搭配葡萄酒，在澳洲人的餐桌上幾乎是必點的選項！

我們點了麵包盤、燉羊肉、牛排漢堡、炸魚薯條、乳酪披薩，麵包是較硬口感的歐式路線，大多加入雜糧穀物烘焙出健康的顏色，咀嚼起來會有明顯的麵粉香氣，配上略鹹的起司與橄欖，簡單而美味，胃口小一點的人根本吃一份麵包盤就飽了！

燉煮或烤類的料理也很合台灣人的胃口，我們點的燉烤羊肉一份大約是二十元澳幣，是常見的平價主菜，先將羊肉燉煮到柔軟後，刷上醬汁入烤箱

烤出香氣，有點像我們台灣宴席菜「烘肉」的口感，不同的是「烘肉」是與筍片燉煮、大塊而充滿肉汁，燉烤羊肉則會把柔軟的肉塊撕成細絲，附上燒烤醬汁與一大碗清爽的鄉村蔬菜沙拉。

▲澳洲食物對孩子來說就像去速食店一樣美味！

今晚的沙拉是用脆脆的高麗菜絲與大量切碎的茴香一起拌入具有酸度的蜂蜜優格醬，清新的香氣與鮮脆的口感真是非常開胃爽口。牛肉漢堡夾上厚厚肉排、大量番茄、蔬菜、起司，大約有十二公分高，尺寸之大完全不可能一口咬下去！

孩子們的炸魚薯條也比想像中健康，雖然是油炸類餐點，卻未加魚漿而是酥炸魚肉，鮮嫩的魚肉吃得出海的味道，很適合孩子們食用，討厭吃魚的小女兒把一整份魚吃光光呢！

・日行一善小插曲

餐廳的生意真的非常好，幾乎都是客滿的，用餐到一半，發現另一個五口家庭被安排到位置狹小的小桌，十分侷促，我們主動跟服務人員表示可以跟他們交換這個比較大的桌子，反正孩子還小，擠一擠沒問題。這個舉手之勞的小動作，不但獲得那個家庭的連聲道謝，女兒們還得到餐廳提供的蠟筆跟圖畫紙。

換桌完後，隔壁桌的孩子一直友善的對女兒們微笑，女兒們害羞不敢直視，卻低聲告訴我們：「那些外國人一直跟我說謝謝！我要畫一幅畫送給他們。」

我想，在她們的小小心靈裡，對於「外國人」的距離感，正一點一點拉近。

▲溫暖熱鬧的家庭式餐館，孩子們得到蠟筆和圖畫紙，快樂的畫畫

晚餐的尾聲，我和老公坐在火爐邊吃起司、看著姊妹倆畫畫，耳朵聽著許許多多澳洲家庭開心聊日常瑣事，這些聲音、這歡愉的氛圍，對澳洲人來說是個尋常的夜晚，對我們卻很不一樣。女兒畫完畫，怯生生地走向櫃檯裡的紅髮女孩，將畫遞給她。櫃檯裡響起一陣驚呼，服務人員驚喜的傳閱女兒手繪的繽紛圖畫，然後把它貼在櫃檯的正上方，女兒們開心的笑了。

也許這輩子很難有機會再回到這間可愛的餐館，但與它的一期一會，卻給了我們溫暖、滿足而美好的一夜。

陸媽小叮嚀：

換個桌子就像讓座一樣，對我們來說只是一個善心的小舉動，卻會給自己與對方帶來幸福的小感動，而這也是重要的「身教」，父母以身作則，讓孩子留意別人的需要、設身處地為人著想，建立「主動關心」與「主動幫忙」的性格。

▲奔馳在城市裡的免費古董電車

 市區觀光－免費電車跳上跳下！

「世界上最適合人類居住的城市」在哪裡？答案就是……墨爾本！

英國「經濟學人智庫」公布的全球宜居城市指數報告，墨爾本自2011年開始獲得「全球最適宜居住的城市」排行榜冠軍，而且已經連續蟬連六屆榜首！這連莊六屆的佳績，可以證明墨爾本的「宜居」絕非浪得虛名。整個城市獨特的優雅品味、穩定進步的政經體系、充滿內涵的文化環境，繁忙卻不失悠閒的生活步調，都讓墨爾本獲得全世界的青睞。

雖然短短的旅行無法體會墨爾本真正的城市內涵，但是至少可以透過有系統的市區觀光行程，蜻蜓點水領略她的美麗。不過一個這麼大的城市，要走馬看花很不容易，怎麼走才對？才能又精省又好玩？

◀馬路上隨處可遇
見電車的鐵軌

墨爾本的宜居，不只對於在地人，對觀光客而言，她也非常友善，因為她擁有全澳洲……甚至「全世界」最完善的市區輕軌電車系統！市中心幾乎每條道路、每個角落都可以看到電車的軌道，大眾交通極方便，旅人如果做足功課，可以輕易到達任何想去的地方。

除了方便以外，市區電車還有一個無敵大優點，那就是……「市中心區，免費搭乘！」

免費！哇，這豈不是小氣主婦最愛看到的字彙！？既然是免費搭乘，那我要搭個過癮（貪小便宜指數立刻上升）！但是在墨爾本要貪小便宜也不是一件簡單的事，你必須要有聰明的頭腦才行。看著密密麻麻的電車地圖與如同天方夜譚的站名，這電車路線……太複雜了，而且一出城外就要收錢，我也搞不懂哪些站位在城內？哪些在城外？根本只有天才才看得懂！最後，精打細算主婦我歸納出一個頭腦簡單者適用的結論，那就是：只坐「環城古董觀光列車」就好！

陸媽小叮嚀：

墨爾本電車免費區域只限於市中心，若是搭乘會開出市中心外的電車，還是需要付費，除了古董電車，其他電車皆需先買票卡，刷卡上車，城內不收費，城外才扣款。對於只在墨爾本市短暫停留的旅人來說，買卡不甚划算，有租車的家庭旅行其實搭乘免費古董環城電車就足夠，市區外的景點建議開車過去。

會移動的古蹟：古董觀光電車

如果在網路搜尋鍵入關鍵字「墨爾本＋電車」，就會看到一大堆古董觀光列車的資訊，這台電車長相非常厲害，就像一節移動式的巧克力棒，經典棕紅色外型加上復古的車廂設計，超適合旅人拍照，讓人覺得電車設計者也太為觀光客著想了吧？殊不知，其實這電車根本不是現代設計的，事實上，「古董觀光列車」本身就是古蹟呢！

墨爾本的電車文化始於1927年，棕紅色車身的電車在墨爾本市區奔馳了近五十年，一直到1970年代左右才功成身退，由新穎而載客量較大的新式電車取代。但五十幾歲的古董列車覺得自己身體還硬朗、退休生活太無聊，決定轉職，改以更輕鬆悠閒的步調服務觀光客，每天以固定的環形環城路線、平緩的速度繞行墨爾本市，車廂內還會隨著市區重要景點播放專業介紹，給觀光客帶來一趟知性旅程，實在是非常成功的退休轉型啊！

它經典的外型，對旅客來說不僅好看好拍，真的也超好認。我們來到墨爾本最知名的古蹟車站佛林德斯車站（Flinders Street Station），正四處張望想詢問路人如何搭乘古董電車，立刻看到造型超級吸睛的棕紅色古董電車迎面而來！

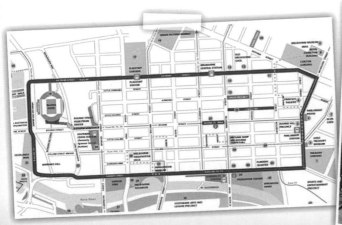

▲環形古董電車會循圖中紅色路線繞行墨爾本市中心

▲特別停下來給觀光客拍照的古董電車

▲乘著電車悠閒認識墨爾本

「就是這台，衝！上車去！」我興奮地吆喝大家上車。

女兒整個被迷倒，開心地尖叫：「好像童話故事裡的車！」

老公則有點懷疑：「這個方向對嗎？」

方向？唉，別管什麼方向了！反正電車是環城一圈嘛，上了再說！

「那我們要去哪？」老公與女兒齊聲詢問。

「不知道耶！」我聳聳肩。

難得從媽咪口中聽到「不知道」，兩個女兒驚訝地瞪大雙眼。

老實說，我是真的沒有計畫要搭電車去哪？因為每個地名都很陌生，所以我心中的理想目標是：每個停靠站都下來逛逛走走，用最不刻意的方式認識這個城市！所以我豪氣的回答：

「反正，誰想下車，我們就下車！這台車可以無限搭乘，而且免費！」

車上果然沒有任何收費的系統，乘客看起來還是本地人居多，兩個女兒興致高昂地研究車內車外的風景，這台電車對她們的吸引力完全不亞於跋山涉水前往的丹頓農山蒸汽小火車！

「媽咪，你說這台電車已經一百歲了，是真的嗎？」大女兒問。

「其實是有將近百年的歷史，但是沒有一百歲啦⋯⋯可以確定的是它應該比你阿公阿嬤還老喔！」女兒們露出欽佩的眼神。

古董電車的車廂樣貌有點類似台灣早期「普通車」車廂，地板有些髒污，空氣裡泛著舊物特有的氣味，但古老的金屬手把、褪色卻光亮的皮質座椅、因年代而磨損圓滑的木質窗沿，都遠比台灣的火車車況佳，被細心的保存著。時間在它身上留下了痕跡，卻不減它的性能，更添了一份迷人韻味。

・環城一圈！好吃好玩好簡單！

　　電車沿著行駛路線一路播放旅遊導覽，讓旅客飽覽城市風光之餘，更深入了解每個景點的意義，這樣的設計很貼心，因為我這個沒做功課的媽咪就可以不懂裝懂的跟女兒介紹城市風光，假裝自己是個博學多聞的夏令營輔導老師。我們就這樣照著不是計畫的計畫，走走停停，每站都跳下車短暫停留，以二十分鐘的行車間距做為遊玩的時限，算準時間，一路走訪好玩的兒童公園，便宜好逛，裡面還有類似湯姆熊與摩天輪的購物中心 "HARBOUR TOWN"，維多利亞市場裡吃飽喝足，再到博物館與美術館欣賞免費展覽，最後和雄偉的國會大樓、莊嚴的百年教堂留下紀念的照片。

　　墨爾本被古董電車「圈」成一個簡單的城市，就算完全不認識知名景點，也可以輕鬆遊賞。迷路了，跳上電車就好，環狀行駛的它最後一定會帶你回到一開始出發的地方。

▲環城電車沿線會遇到設施豐富又好玩的公園

▲購物中心裡的小型遊樂場

◀在城市中行駛的古董電車
就是一幅美好風景

所到之處不一定是所謂的「墨爾本必遊」，但每一步都是踏踏實實踩在墨爾本的城市生活之中，體驗著當地人行走的腳步，蹓躂一整天也不花一毛車資，可以用非常精簡的旅遊預算來深度認識這個城市，在電車的站與站之間尋寶，把交通費拿去享受美食、購物的樂趣，真的很棒。不只孩子們睜大雙眼，我也是，貪婪地想把這個城市的美好全部放進心裡。

陸媽小叮嚀：

藉著搭電車的機會，我和孩子聊起以前搭「普通車」通勤的經驗，對比台灣退役後就不再使用的老火車頭，以及「舊了就拆掉」的建築思維，澳洲與台灣有什麼不一樣？旅行是最即時的教室，生活上大大小小的體驗都可以成為一門有意義的課題，父母可以和孩子多聊、多討論，提升孩子的思辨能力。

▲夜色中的墨爾本
又有另一種風情

·城市角落的夜間探險

華燈初上，墨爾本又呈現出另一種樣貌。我們坐在即將休息的最後一班電車裡，看著街道被打上炫目卻溫暖的光線，外面是喧鬧的夜，我們在車廂裡靜靜體會。

保留英國文化優雅色彩的百年歷史建築，錯落於極度富有設計感的現代大樓間，窗外的高樓大廈飛速後退，而古董電車裡的時光似乎還停留在百年前的樣子，以其獨特華麗的姿態，昂首奔馳在新舊時代之間。

告別了古董電車，從車站穿過馬路，孩子們開心的驚呼起來。

「馬車！是馬車！」大街上交通繁忙，街角卻有許多馬車等待著。駿

▲巷弄內隨處可見狂野的塗鴉藝術、露天餐酒館以及街角的華麗馬車

馬如騎兵般優雅站立，也許等一下就會有公主上車，而他們將參加一場皇宮裡的舞會？

我們改以步行的方式，散步在城市中心，尋找巷弄裡的祕密，白天的墨爾本，時尚而知性，而入夜後卻像變了一個人似地，帶著迷幻的豔麗。

▲琳瑯滿目的餐館與酒吧

循著咖啡香鑽進滿是露天咖啡座的咖啡巷，拐個彎，咖啡吧又變成慵懶的小酒吧，人們喧鬧的對彼此乾杯，炸薯條與烤乳酪的香味滿溢在空氣裡。轉頭，被另一條巷子牆上奔放的色彩所吸引，走入，卻遇上一群刺滿刺青、叼菸喝啤酒的年輕人不懷好意地眼神，略為不安的加快腳步離開，隱約看到他們隨手揮灑，塗鴉巨作就在奔放的創意下誕生。

暈黃的街燈、神秘卻充滿藝術感的窄巷、食物的香氣、義大利人開的餐酒館、暖爐下喝酒吃晚餐的人們……這就是墨爾本頹廢、狂野、自在不羈的夜。

陸媽小叮嚀：

「市區觀光」是深度體驗城市的時刻，不用把行程安排的滿滿滿，不一定要去知名地標，隨著電車環城探險，或用雙腳踏過巷弄，「未知」的行程反而讓孩子們張大雙眼尋覓想停留、想看的地方，也許比父母設定好的景點更有收穫！

▲女兒們分享不同口味的棒棒糖

▲隨興卻有質感的南墨爾本市場

墨爾本的市場好好逛！

逛市場，絕對是主婦最愛的行程！

好啦……不一定每個主婦都愛，但是如果要來個精打細算的購物行，對我來說，市場絕對比購物中心好逛許多！而且市場也是體驗當地最直接的地點，各式各樣的商家、攤販匯聚於此，新鮮特別的農產品、熱鬧的吆喝聲、摩肩接踵的人群……都泛著市井生活的生猛氣味。

對女兒們來說，市場是充滿魔力的美食天堂，總會在此與糖果、餅乾不期而遇，小氣的媽咪在這裡特別好說服，一定會買上幾樣平時禁止的點心，邊走邊吃，享受走馬看花的隨興氛圍。

墨爾本市區有好幾個大大小小的市場，可惜待在此地的時間不夠長，就以「南墨爾本市場」與「維多利亞市場」這兩個頗具代表性的市場來介紹一下墨爾本的市集風貌吧。

陸媽小叮嚀：

逛市場跟逛百貨公司，我寧可帶孩子逛市場。Why？
百貨公司裡包裝好的精品形象，每個國家皆大同小異，但，市場則可體現當地文化，體驗異國人真實生活的味道，能打開孩子對於多元文化的視野。

138

South Melbourne Market

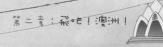

▲南墨爾本市場的外型時尚、衛生良好、停車方便

▲櫥窗裡的甜點看起來都超級美味！

在地人最愛：南墨爾本市場

▲生火腿、臘腸和乳酪專賣店

　　南墨爾本市場緣起於1867年，但是建築經過不斷的擴建與改裝，已經完全找不到百年前檔案照片的味道，現在的南墨爾本市場外觀頗有時尚感，以金屬棚架搭建，目測至少有好幾千坪大，整體較維多利亞市場新穎，不過大約只有維多利亞市場的一半規模。

．生鮮食物區

　　商家雖然全部被集中在室內空間，規畫的區塊卻很清楚，走入食物區，立刻被碩大肥美價格實惠的生蠔、海鮮所吸引，種類繁多的蔬果、新鮮肉品、乳酪或臘腸乾貨、熟食、現做的各式麵條麵餃麵包肉派甜點、現場烘焙的新鮮咖啡……都讓人想通通打包買走！

▲口味繁多的肉派與餡餅　　　　　▲雖然位在市場卻像高級甜點
　是澳洲道地美食　　　　　　　　　鋪的麵包坊

　　澳洲市場最棒的就是環境衛生維持的非常好，無論是肉鋪或菜攤都乾淨
整潔，地板也完全沒有任何濕黏不舒服的地方，各式熟食類被巧手製作成如食
譜書上的圖片般精緻美觀令人垂涎，初來澳洲的我們一家，看著琳瑯滿目的商
品，心動到想全部打包帶走！女兒們黏在蛋糕櫃前怎麼拉都拉不開，老公吵著
要買每一種肉派，我則在義大利麵餃專賣店前著迷的看著師傅現場擀麵做餃，
完全無法抉擇要買香料羊肉口味、紅酒牛肉口味還是菠菜起司口味？

‧生活雜貨區

　　此一區塊也是麻雀雖小，服裝、包包、藝術品、花店、家具、家飾、鐘
錶、玩具、香氛店家、寵物用品……通通俱全，販售的商品多具有店家獨創
的巧思，而非是大量進口的次級品。整個市場雖然保有市場的熱鬧，卻也帶
點百貨商場的氣質，逛起來非常舒服，機能完整、動線輕鬆，每個專門店的
陳列擺設都很用心，空氣裡甚至還有香香的香氛氣味，實在跟台灣傳統市場
非常不同。

▲生活雜貨東西繁多卻不覺得雜亂　　▲飾品店用木板簡單陳列卻營造出獨特的風格

南墨爾本市場的腹地不大，商家並不會太過重複，每個種類只有兩三家廠商，主題性強，選擇起來容易許多，我們在這裡消磨了兩個多小時，已踏踏實實地把市場從頭到尾逛上一圈，挖到好多寶物，像是任選四種口味只要十元澳幣的超便宜自製乳酪、一打只要十五澳幣卻每顆都有手掌大的新鮮生蠔、一公斤只要二十元而且肉質極為細嫩的特價牛菲力、一小塊一元的香氛手工皂，一顆兩元的泡泡沐浴球……簡直買到停不下來！不只大人開心，小孩也有很多東

陸媽小叮嚀：

購物時，我總會請孩子多方比較再選擇。也許有的家長覺得「孩子想要就買給他，幹嘛斤斤計較？」但我從小就希望讓孩子學會「做對自己最有利的決定」，不只比價格，比品質，當然還要比「需要」，小時候可以選出最適合自己的商品，長大後也許就可以選擇最適合自己的人生道路。

西好買噢，女兒們第一站就在糖果店買了造型棒棒糖，接著買到四隻十元的迷你袋鼠、無尾熊布偶，成為接下來旅行的小夥伴，後來在許多地方看到同等級的絨毛娃娃，都比南墨爾本市場貴上幾塊錢呢！

觀光客必去：維多利亞市場

維多利亞市場是墨爾本最大、最知名的市場，許多大眾運輸都可以抵達，可以詢問司機先生，請他提醒你在最靠近維多利亞市場的停靠站下車，就不會錯過囉！

我們搭乘免費古董電車前往，下車後要稍微走一點路，穿過一個美麗公園Flagstaff Gardens，雖然是平日中午，仍有許多人在此享受舒適的冬日暖陽，野餐、慢跑或由教練帶領做拳擊類的運動練習，不禁羨慕澳洲人悠閒的生活步調。

▲隱藏在繁忙市中心裡的維多利亞市場

　　兩個女兒開心的在廣闊的草坪中追著小鳥玩耍，跑過了整個公園還是沒看到像是「市場」的建築，問了路人才知道腹地廣大的市場原來藏在鋼筋水泥建築的熱鬧商店街後方，穿越商業熱絡的街屋，就可以通往超過萬坪、巨大的井字型廣場—維多利亞市場。

　　市場很大，每個區塊的風格都不一樣，鐵皮棚架簡單搭造的半露天區域主要提供生活雜貨銷售，但……商品跟我想像的頗不同，精緻度不高、重複性強，品項也怪怪的，例如剪裁不太精緻的服裝、專賣給觀光客的紀念品、鐘錶、玉石，各種袋鼠、乳牛等動物皮革、質感普通的造型背包……長相不夠吸引人之外價格也不親民，連女兒都沒什麼興趣。

▲維多利亞市場不同區塊的迥異風貌

繼續往下走去，經過同樣在戶外的蔬果區，哇！這區就很棒，簡直是蔬果集散地，攤販好多噢！各式各樣的美味水果很吸引人，鮮紅碩大的草莓竟然兩大盒四元澳幣？一顆大哈密瓜也只要五元澳幣，應該是當季正便宜的關係。還有好多在台灣看不到的蔬菜品種：可愛的紫色圓形櫻桃蘿蔔、像手指一樣細的迷你胡蘿蔔、黃色像飛碟的小瓜、長得像金剛棒的朝鮮薊、開滿白花叫不出名字的葉菜……每一種都令人好奇、每個攤位都色彩繽紛，主婦我在菜攤停留許久，不過小孩們倒是興趣缺缺……

▲澳洲有許多當地才吃得到的特色蔬菜，請鼓起勇氣嘗試看看！

「媽咪，餓了啦！」小姊妹不耐的四處張望。也對！至今都沒在市場買到零食耶？維多利亞市場的零食糖果店好像比較少？我只好趕快買了幾種方便生食的蔬果，帶她們尋覓美食去。

蔬果區的後方，是一棟鋼構的建築，裡面有美食街，以及販售生鮮肉品熟食的市場。美食街跟百貨公司的美食街一樣乾淨，但是賣的食物以三明治、沙拉、亞洲菜色和炸物為主，對我而言缺乏創意，於是想往生鮮肉品市場裡買些可以當作午餐的食材，不過商家繁多，太多選擇反而難以抉擇。維多利亞市場的動線沒有南墨爾本市場那麼清楚，飢腸轆轆地逛著各式生食實在是一種折磨！只好繼續往外圍走，試圖尋覓可愛的小餐館。

· 連餐車都吸睛的平價美食

走出室內市場，回到半露天鐵皮棚架搭蓋的另一區塊。這區會連通外圍商家，有咖啡店、點心小鋪、迷你酒吧，也有許多熟食小攤販。

「媽咪，你看！是貝殼！那台車是貝殼！」小女兒開心尖叫。

▲貝殼造型的餐車也太有創意了吧！？

▲奶油鬆餅餐車看起來也好有質感！

　　「真的耶！」我一看到那台車，眼睛一亮，立刻決定：「午餐就是它了！」

　　空氣裡瀰漫大蒜、奶油、香料混合海鮮的香氣，想必就是從那裡傳過來的—那是一台扇貝造型的餐車，車前幾張桌子擠滿食客，每個人的面前都堆滿高高的貝殼，餐車上印著"Freshly cooked MUSSELS"……

　　「是淡菜餐車！」老公即時翻譯。
　　「淡菜是什麼？」女兒問。
　　「是一種長形的蛤蠣！」我隨便解釋。
　　「我最喜歡吃蛤蠣了！」女兒立即舉雙手贊成。

　　靠近餐車，研究手寫在車門上的菜單，價格非常便宜欸！一公斤淡菜依烹調口味不同，只要十到十二元澳幣左右！這價錢在台灣根本吃不到吧？馬上點了檸檬奶油、大蒜百里香口味，就在餐車旁坐下，看著老闆豪邁的將新鮮淡菜丟進鍋中，嗅聞著大蒜爆炒的香氣、享受午後溫暖的冬陽，坐在市場裡和當地人一起享受隨興卻高級的路邊料理，簡直是夢想中的午餐！

　　等待的過程，發現附近有許多餐車美食，買了女兒一定會喜歡的小圓鬆餅與手工優格，就這樣組成一個完美套餐：市場剛採買的細胡蘿蔔可以生吃

當沙拉、新鮮淡菜配上烤的脆脆的長棍麵包當主菜，小巧厚實、撒上厚厚糖霜、口感鬆軟甜美的鹹奶油鬆餅做填飽肚子的點心，質地濃郁到幾乎像冰淇淋的現做水果優格為這一餐畫上甜美句點。

看著女兒們大聲讚嘆澳洲食物的美好，不挑食把所有食物吃光光，心裡放心了許多。說不擔心女兒們水土不服，當然是騙人的。小朋友第一次到這麼遠的異國，離開熟悉的空氣、溫度、食材與料理方式，生病怎麼辦？會不會吃不慣？會不會拉肚子？值得擔心的地方太多，但若只停留在熟悉的安適圈，怎麼能體驗異國的奇妙有趣？為孩子擔心太多，豈不也限制了他們嘗試世界的機會？如果對異國料理

▲挑嘴的妹妹，出國後反而對各種美食都勇於嘗試

帶著排斥，孩子們以後也會跟父母一起害怕不同的食物口味，相反的，味蕾與腸胃若從小就學習適應各種變化，以後，她們將擁有品嘗全世界的能力！這何嘗不是父母給孩子的小禮物呢？

想著想著，女兒已吃掉一盒大草莓，跑到設置在附近的飲水機喝水去了。澳洲路邊常見像洗手台似的飲水系統，是她們的新歡，看到就去喝個幾口，看著她們搶水喝的身影，覺得這兩個小傢伙比我想像的還能適應旅行生活呢！

陸媽小叮嚀：
孩子總是不停探索世界，父母的職責不是阻擋，而是「把關」。過度乾淨的小孩往往一接觸病菌就容易生病，只要沒有危險性的事物，都可以放手讓孩子嘗試，培養成他們對世界的抵抗力。

▲維多利亞市場的生鮮食品廣場，乾淨且有質感

兩個市場比一比

　　總體來說，維多利亞市場適合有充足時間與悠閒心情的旅人慢慢走訪，半露天的棚架下有各式各樣的商舖，別有風情的戶外餐車區非常迷人，食品、生活用品的商家眾多，廣大的空間裡時常可以發現驚喜，但過度分散的區域規畫對於初次來訪的旅客，較難完整領略。

　　對於帶小孩、行程較緊湊的家庭來說，南墨爾本市場似乎更簡單易逛。在南墨爾本市場看到的顧客，幾乎都是澳洲本地人，少了點觀光味，多了真實的生活氣氛，也許是因為腹地集中、攤商量少反而易逛，品質與價錢皆合理的原因？傍晚許多主婦提著大包小包邊採購邊和攤販聊天的畫面，就是「市場」該有的樣子。附有大型停車場，停車方便，像我們就是開車前往，停在免費的停車格裡。推薦在此採買新鮮食材，回到旅館附設的廚房烹煮，就可以享受一頓輕鬆又道地的澳洲晚餐。

　　至於哪個市場才會是你心中的首選？還有待每個旅人帶著自己的需求與喜好，慢慢體驗。另外，建議出發前上網查明市場的營業資訊，以免撲空哦！

▼生蠔、大蝦、牛排、新鮮起司、麵餃與蔬菜，都來自墨爾本市場！在旅館享受晚餐就是這麼輕鬆！

開車出遊去！彩色小屋+月神兒童樂園

這兩個非常適合親子同遊的景點，雖然大眾交通工具都可以到，但是自己開車更方便！為什麼呢？原因一，離墨爾本市區有些距離，坐大眾交通工具需步行一段路；原因二，停車超方便。有租車的家庭，請務必開車來這裡走走！

彩色小屋

位在布萊頓海灘（Brighton Beach），當地人稱為 Bathing Boxes，是給人放置衝浪板、小船的小倉庫，卻因為每個屋主不同的彩繪巧思，為小屋添上色彩，成為墨爾本最經典的拍照聖地！來到墨爾本卻沒來彩色小屋拍個幾張五彩繽紛的照片，真的非常可惜！可別低估彩色小屋的身價，聽說每一間都要好幾十萬台幣呢！除了拍照之外，摸摸布萊頓海灘細白的沙灘、踏踏南太平洋的浪花，享受海天一色的美景，當然也是親子都喜歡的美好時光。

▲每個小屋都有與眾不同的設計與色彩

不過附近沒什麼順遊的景點，專程來此好像有點可惜？所以，推薦一個返回墨爾本市區會經過的兒童天堂：月神兒童樂園（Luna Park）！

▲發現月神公園沒開時沮喪到無法看鏡頭的小姊妹

▲希望下次可以走進月神公園的血盆大口裡！

月神兒童樂園

老實說，Luna Park最經典的「大笑小丑門」其實有點可怕！要穿過血盆大口才能進入樂園⋯⋯讓人有種「這是鬼屋嗎？」的驚愕感！（覺得晚上來可能會變恐怖場景）不過，園內可是非常精彩，每個設施的造型都很可愛，但⋯⋯悲劇發生了！我們去的那天，遊樂園沒開！

墨爾本的兒童樂園很奇妙，會跟隨學校上課時間而調整營業時間，只有假日才營運，難道是害怕學生翹課來玩嗎？那觀光客怎麼辦？女兒們站在空蕩蕩的大門前，看著裡面超豐富的遊樂設施，難過的都快哭了。我也很難過，因為少了一個讓小孩放電的地方！唉。想體驗澳洲最傳統的遊樂園，請務必先確認營業時間喔！

陸媽小叮嚀：

其實，在台灣查行程時就發現我們在墨爾本旅遊的時間碰不上月神公園開門的時間，但還是抱著姑且一試的心情帶孩子去看看。雖然沒有奇蹟發生，但也藉此機會告訴她們：世事豈能盡如人意？沒關係，也許下一個行程會更好。接受眼前的挫折，是人生常要面對的課題！

月神兒童樂園Luna Park

官網：https://lunapark.com.au/

營業時間：配合學校假日才開放，請務必查詢官網。

墨爾本的Terrible ending！

真的完全沒想過在墨爾本的最後一刻會這麼危急！

這也是我的旅行人生受到最大驚嚇的一次！

靠著腎上腺素的完全爆發，在幾乎絕望的最後時刻，安然度過旅行中最大的危機……現在想起來，手還會微微發抖。

・到底發生了什麼事？

一向計畫周詳的媽咪，真的是跌了大大一跤，學了巨大教訓……原來，周密的計畫，很可能是看似最安全的陷阱！

「到底發生什麼事？在機場迷路？走錯航廈？遲到？……」你可能這麼猜，但當然沒這麼簡單。

在墨爾本的最後一個早上，我們訂了早上八點二十的飛機，飛往阿德萊德。說到這訂票時間，也有點尷尬……

「這麼早的飛機時間，不是需要超早到機場嗎？」

對啊。不過呢，只有這麼早的時間，才有特價票嘛……

墨爾本飛往阿德萊德的透早優惠票，一張含稅竟然只要49元澳幣，簡直比在台灣搭高鐵還便宜！你說，是不是該搶下去？而且早點到，在阿德萊德才有完整的時間可以玩，一舉兩得。

◀只差一點就完蛋了，感謝女兒們一路相伴！

▲清晨六點的墨爾本街道

總之，在這特別的一天，我信心滿滿地起了大早，清早五點就幫自己沖壺咖啡，還有時間悠閒吃餅乾。五點半把女兒們叫醒，六點準時把大包小包行李拿到樓下，散步到停車場，六點二十上車，還比預計六點半出發提早了十分鐘呢！清晨的墨爾本似乎還在沉睡，一切看似非常美好。

·百密總有一疏

「接下來要去哪裡？」老公問。

「先去還車。租車公司七點才開門，我們七點準時還車，七點十分坐上接駁車往機場，七點二十check in，國內航線只要提前一小時check in就可以，一切剛剛好。而且我們已經預先以網路預辦登機，連登機證都印好了，沒問題的。」

「很好。」老公點點頭，繼續問：「那租車公司在哪裡？」

此時，我的腦裡忽然一陣轟然巨響……租車公司在哪裡！在哪裡？在……在……

「死定了，我不知道！」

「什麼？」老公高分貝的疑問，讓兩隻還在迷濛狀態的女兒醒了過來。

「爸比媽咪，怎麼了？」

這時候哪有空管女兒的問題啊，我全身真的大冒冷汗，連忙回想到底為什麼我會不知道租車公司的地址？

墨爾本大部分的租車公司僅在機場設立服務櫃檯，旅客抵達後可乘坐接駁車前往機場外圍的辦公室取車，在台灣時我就有email詢問租車公司關於清晨六點多提早還車的可能性，租車公司表示，他們七點才營業，不過如果我的國內線飛機是八點二十，七點準時還車，接駁車送到機場只要十分鐘，時間是足夠的。

「您如果住在墨爾本市中心，到我們這裡只要二十至三十分鐘，而我們這裡到機場只要十分鐘，國內線只要在四十分鐘前抵達櫃檯都還在安全時間內。」對方這麼說。

於是我就放心了。於是我就放心的……忘記問租車公司他們的地址在哪裡！再加上第一天取車時，因為語言不通加上整個被「撞到袋鼠要賠五千澳幣」的緊張情況嚇到，完全沒想到要問租車公司還車的地址，甚至把行程安排的縝密周詳，「旅遊計畫書」裡什麼都有的我，事前也根本完全遺忘了這件超級重要的事！噢～天吶！怎麼辦？

「老公，快點打電話給租車公司！」
果不其然，電話怎麼打都沒人接。

澳洲人如此準時上下班，絕對不會提早一分鐘到公司接電話的。看著時間一分一秒流逝，已經六點三十五分了，不能再這樣拖下去。

「不管了，先往機場方向開吧！」

▲開往未知方向的高速公路上

・還車驚魂記！

一片迷惘中，我們先將導航設定往機場，導航顯示，二十分鐘抵達。清晨的墨爾本天空還呈現灰藍色的迷濛，跟我的心情一樣黯淡，街頭冷冷清清，我們順利的開上高速公路，打算先到機場等候。此時，老公忽然福至心靈，整個開竅，說了非常有道理的話：

「車上會不會有租車公司的地址啊？」
我的眼睛立刻射出興奮的光芒！「會！車上應該會！」

老公趕緊翻找前座的小抽屜，果然在裡面發現了一份文件，那是我們這台車的保險資料，上面有公司地址！

「有地址耶！」

「可是，不知道是不是這個地方。不然你先導航看看，看這個地方是不是在機場附近。」

老公使用自己的手機導航，然後一臉興奮的表示：「對，離我們不遠！只要二十公里！」

「那我們現在離機場幾公里？」老公再看看正在導航的另一台手機，表示「機場還有十公里。」

「嗯！租車公司離機場十分鐘距離，那多十公里差不多！應該是這裡沒錯！」我合理推論。

於是，我們毅然放棄了往機場的道路，改設定為保險資料上的地址。此時，時間已經來到六點五十分。

「老公，你再打電話給租車公司看看，也許他們上班了。」

老公立刻撥電話，然後看著手機露出驚恐的表情。

「幹嘛這個臉？」

「欸……手機……好像被停話了，打出去就斷掉。」

「什麼？？？」

我們買的澳洲電話卡是附有5G上網流量與不知道多少錢的澳洲通話費，用完為止，所以……

「不會吧，這麼快就打完了喔？唉唷，都是你昨天跟旅館聊太久啦！」我忍不住怪罪老公，每次要去住宿前我們都會電話確認，然後愛聊天的老公都會跟親切的旅館櫃檯說上好幾分鐘。

「這也能怪我！」老公開始不爽，我也十分憤怒，兩個人什麼話都不想說，我板著臉邊聽導航邊緊盯高速公路指標，好不容易終於要下交流道。但下去後的風景讓我心裡有很不祥的預感……

我記得我們取車後開的路不像這裡。這裡是鄉村的感覺，路旁除了幾幢住宅就是田園，但是我們第一天來到墨爾本時，路旁都是租車公司、商辦區，沒有這麼荒涼……

「我覺得不對，這路不對。」

「那怎麼辦？」

怎麼辦？真的也不知道怎麼辦。還是只能開下去，這五分鐘，簡直像五小時一樣久。

「目的地就在您的左方。」導航的聲音冷冷響起。

左方？左方完全鳥不生蛋啊！只有農田跟民宅！空無一人的街道上完全沒有任何商家。死定了……

‧暈！真的徹底迷路了！

瞬間，我真的從腳底冷上來。手無法控制的發著抖，心臟鼓動的跳著，胸口一陣悶。把車停在路邊，完全不知道該怎麼辦。

▲叫救命也沒用……

「媽咪，我們迷路了嗎？」女兒們怯怯地問。

聽到女兒的聲音我都快哭了。「對啊，這次是真的迷路了。寶貝們……我們……」實在很不想承認，但我必須說：「我們……可能要錯過飛機了。」

「錯過飛機怎麼辦？」小女兒問。

「再重新坐下一班飛機啊！」大女兒樂觀的回答。

「要坐下一班飛機，也要看有沒有機位……也不一定有飛機……」我心裡開始盤算若錯過飛機該怎麼辦？

「不然留在這裡繼續玩也沒關係啊！不用坐飛機沒關係。」小女兒試圖想安慰媽咪。但是此時我陷入強烈的自責中……

天啊！若要重新買機票，現場購票的費用會是天價，一張票原價都是一兩百澳幣！所有預定好的行程，包含阿德萊德機場已全額付費的租車、所有旅館，都會受到影響，甚至可能全部被取消而且無法退回任何金額……我怎麼會犯這種錯呢？

此時，一台計程車開過我們的身邊，我像看到救星一樣追過去，請老公幫忙詢問司機，這地址是否有問題？附近是否有租車公司？

司機拿著保險單端詳半天……

「地址是這裡沒錯……可是……這郵遞區號……好像在……」司機推推眼鏡，皺眉思索……

「應該是在昆士蘭喔！」

昆、士、蘭！！！

這是哪招？

「啊！這是Eastcoast的昆士蘭總公司啦，昆士蘭的地址。然後這裡是墨爾本，你們走錯了。」司機先生笑咪咪地補上一槍，親切的跟我們說掰掰，開走了。

我簡直像洩了氣的皮球，坐在車裡，完全不知該如何是好。

老公悶悶不樂的把保險單塞回抽屜，然後面色一變……

「欸，這裡還有一張紙！」

老公從抽屜深處抽出一張粉紅色的地圖，上面分隔成兩個區塊，一邊寫：墨爾本市中心還車地址XXXXXXXX……，另一邊寫：墨爾本機場還車地址OOOOOOO……

「老公！你剛剛怎麼沒看到這張！」我忍不住勃然大怒，整個人熊熊燃燒！

「好，那妳現在要跟我吵架，還是要開去還車？」老公問我。

……問的好。

真的不能把時間浪費在吵架上。

「還不快點設定導航！我們還有機會！」

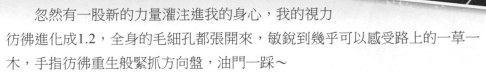

· 奔跑吧，孩子！

　　現在時間是……七點二十分……

　　還車的地點終於出現，但是距離飛機起飛只剩下一個小時……不管了，衝就對了！

　　忽然有一股新的力量灌注進我的身心，我的視力彷彿進化成1.2，全身的毛細孔都張開來，敏銳到幾乎可以感受路上的一草一木，手指彷彿重生般緊抓方向盤，油門一踩～

　　衝啊！我可以！我趕得上飛機！GO！

　　終於，七點四十分，我們抵達了租車公司的大門口。一下車，我們一邊搬行李一邊尖叫的告訴櫃檯我們的飛機八點起飛（其實是八點二十，但是當然要說的恐怖一點），櫃檯也跟著緊張，立刻派專車把我們送去機場，在車上，我們全家嚇得發抖，司機大哥還好心的安慰我們：「**放心，來得及啦，你們如果已經印好登機證，那國內線十分鐘前到都可以……**」

　　到達機場，七點四十五分，我們衝進航廈，卻找不到可以Check in的櫃檯……

　　原來我們搭乘的「Tiger Air虎航」幾乎完全採取電腦Check in，眼看時間一分一秒流逝，我焦急地抓住唯一一個穿著虎航制服的地勤人員，告知我們的飛機即將起飛，她一看我們的登機證，立刻告訴我們「你們的飛機已經關閉託運行李，你們必須放棄大型行李。」

　　還好！真是老天有眼，我們本來就只攜帶可登機的小旅行箱，沒有大型行李！

　　「**那我們現在該怎麼辦？**」我問她。

　　地勤人員一臉不可置信地盯著我，一個字一個字回答：「You should run.」

　　跑！沒錯，孩子們，奔跑吧！

・飛機等等我！

　　一家四口，拉著四個登機箱、揹著四個大背包、拎著厚大衣，脖子上掛著蝦仁、牛角麵包頸枕，女兒的手裡還抱著從市場買來的袋鼠、無尾熊娃娃，沒命地在機場裡奔跑……這個畫面，光是用想像的就知道有多悲慘、多麼像逃難的難民。

　　但我們真的沒有任何時間可以停下腳步，這對失職的父母也沒有任何時間可以照顧女兒，只能沒命地奔跑。

「媽咪，我跑不動了！」
「媽咪，我的娃娃掉了！」……
無論女兒在後面怎麼喊，我都只能狠下心來回答：「跑！跑就對了！」

　　跑過大廳又跑過走廊，跑過上坡又跑過下坡，廉航的登機門永遠是最遠的那個，大約跑了十分鐘，終於看到我們的登機門。

　　此時，八點十分，距離起飛剩最後十分鐘。
　　空服人員看似不耐的等待著，不過看到我們家這麼狼狽地樣子竟然沒有責怪，幫助我們把亂七八糟的行李、枕頭放上X光檢查機，快速的掃描了我們預先列印的登機證，罰了我超重的行李費，就這樣把我們送上飛機。

「妹妹，妳還好嗎？」我輕聲問，然後小莉娜竟然小小聲哭了起來。
「媽咪，我跑得好累……好餓……好渴……」輕聲啜泣的她壓抑著，知道不能影響其他旅客，卻忍不住眼淚。
　　看著女兒們堅強的撐到最後一秒，直到坐上飛機才宣洩情緒，心裡好不捨。

「寶貝們，對不起，是媽咪太不小心了。」

「媽，有東西吃嗎？」大女兒一臉不在意的樣子。「剛剛根本是減肥跑步，我快餓死了，快找東西給我們吃吧！」

莉塔蠻不在乎的神情逗笑了我，我知道貼心的大女兒不是真的要吃東西，她是要我趕快轉換心情。她們在我不知不覺間長大了，已經有足夠的成熟，在媽咪慌亂的時刻將我撐起。

女兒們，謝謝妳們，謝謝妳們這麼堅強。這驚恐卻共同「跑」過的機場歷險記，我們成功過關了，媽咪會記取教訓，以後凡事要更謹慎才行。我想，妳們也會一輩子記住驚險的今天吧！

飛機起飛，上升氣壓沉甸甸地壓在胸口，反而起了安定的作用。我想，我會開始改變，就算世事不能盡如人意，別忘了勇敢。用正向思考化解危機，只要有滿滿的正能量，全家在一起，手牽著手，就算犯了錯，相信仍能找到對的路，往好的方向走去。

陸媽小叮嚀：

這次的經驗是旅程中最驚險的插曲。無法預期、對未來感到絕望的心靈壓力，讓我幾乎亂了陣腳，能好好繼續旅程，真的要感謝滿分的旅伴—我的家人們。孩子們在這次的表現太好了！緊張時刻的冷靜陪伴與配合、直到危機解除才流下眼淚的貼心舉動，讓我看到她們小小的身體裡其實已經有相當成熟的理性與勇氣。危機，反而可以讓你看到家人堅強、珍貴的一面，所以，不要害怕，只要不放棄，一定可以安然度過！

 阿德萊德 —— 暖和豐饒的澳洲酒倉

有美酒、有無尾熊的親子歡樂之旅

「阿德萊德是什麼？」

說來抱歉，這是我聽見阿德萊德的第一個念頭。

阿德萊德，雖然身為南澳首府，卻不像墨爾本、雪梨、布里斯班，有著響亮的知名度，甚至比黃金海岸、大堡礁……等等旅遊城市還要沒沒無聞。

「妳一定要去阿德萊德！」朋友Joey這麼說。

「為什麼？」

「因為……阿德萊德……是愛酒人士絕不可錯過的澳、洲、酒、倉！」

我眼睛一亮……

「阿德萊德除了有非常優質的葡萄酒產區：阿德萊德丘、麥克雷倫谷之外，還有全澳洲最古老、最優秀、老藤最多、知名酒廠最多的葡萄酒產區：巴羅莎！」Joey身為葡萄酒專業代理商，合作的酒廠遍佈世界各地，卻對阿德萊德這個城市情有獨鍾。

▲溫暖舒適的阿德萊德

「嘩……好讚喔！」我的心頭小鹿開始亂撞……

「妳不去一定會後悔，巴羅莎谷可以說是全世界最頂級的葡萄酒產區之一！附帶一提，妳最愛的Longview酒莊，就在阿德萊德丘……」

不行啊，說好了行程是一半一半，有大人行程就要有兒童行程，但現在看起來，來到阿德萊德好像完全是為了媽咪一己之私！

「放心啦！」身為阿德萊德旅遊達人的Joey繼續緩頰：「阿德萊德有個可以抱無尾熊的動物園喔！現在澳洲已經很少有可以抱無尾熊的地方了！」

「抱無尾熊？」我幾乎要尖叫了，無尾熊也是我的心頭好，在台灣為了隔著玻璃遠遠看無尾熊一眼都要排隊，我們真的有可能抱到這「神」級的可愛動物嗎？

「我跟妳說，阿德萊德有酒、有動物、有超特別的德國村，還有南半球最大的菜市場—阿德萊德中央市場，妳這種主婦一定會喜歡的啦！」

賓果！句句擊中我！看來，這將會是一段我歡樂、女兒也開心的旅程，阿德萊德，我們來囉！

陸媽小叮嚀：

「抱無尾熊」是有爭議的活動，是否算是虐待動物的一種？我心裡也很掙扎，特別查了資料，證明動物園給予無尾熊非常好的照顧，並以保護良好的方式進行活動，才決定參加。當然，進行這個活動之前，值得與家人好好討論，持正向反向的意見來針對此議題進行思辨。

▲市場與停車場裡每一層樓梯轉角都有大型噴圖，讓無聊的牆壁也有好風景

「阿德萊德中央市場」補貨去！

　　經過了機場驚魂，我們平安抵達阿德萊德。大概是老天爺覺得我不應該再發生還車意外了！阿德萊德的租車公司直接位在機場內，下飛機後直奔租車櫃檯辦手續，取車、確認車況、放上行李、開往阿德萊德市區，順利到有點難以置信，對照起早上的驚魂，一切彷彿隔世……

　　「媽咪，我幫妳看下一站要去哪裡！」大女兒莉塔主動打開旅行計畫書，翻到今天的日期。經過剛剛的機場驚魂，她謹慎的個性決定花更多心思參與旅行進度。

　　「阿……什麼什麼……」大女兒努力的唸：「中央市場。」

　　「阿德萊德中央市場！」我心情飛揚起來，這裡可是令人期待的補給站！「我們去市場買午餐，然後去野餐！」

　　「野餐！太棒了！」女兒大聲歡呼，老公也跟著開心吼叫，車內一掃早上的陰霾，又變回歡樂吵鬧的一家。

　　「導航說，只要十分鐘就會到喔！機場距離市中心超近。」老公順口問起：「要確認晚上的住宿嗎？」

　　「可是，電話不是不能打？」

　　「很奇怪，我剛剛開機後，又顯示可以打電話了……」老公疑惑的試著撥號，確實可以撥出。

　　所以今天早上到底是受了什麼詛咒？希望這已經把我們旅行的壞運氣給消化完畢了！

一家人開開心心地抵達補給站，「阿德萊德中央市場」雖然號稱是「南半球最大的市場」，樣子卻不像傳統市場，反而是棟類似「大賣場」的大型建築物。停車場就在市場樓上，提供一小時免費停車的優惠。

停完車，通往賣場的牆面貼著豪華大型壁畫，呈現活靈活現的市場榮景，女兒們一看到就馬上吵著要跟真人比例的人物合照，一下假裝跟客人牽手，一下跟攤販買東西，玩得可樂了。

陸媽小叮嚀：

能繼續走在計畫的旅程上，我們全家此刻滿懷感恩。我們家雖然沒有宗教信仰，但我仍帶領著孩子們一起做感謝的禱告，試圖把旅遊之神對我們的眷顧，回饋給祂，謝謝上天讓我們成功搭上飛機，沒有留下遺憾。「學會說謝謝」，無論對人、對冥冥中大自然的力量，都要感恩。

‧準備降落美食天堂！

從電扶梯由高而低滑進市場，會忍不住「嘩～～～」發出開心的驚嘆，腳下的空間簡直色彩繽紛、熱絡喧嘩，我們正落入美食天堂！

▲混雜各式生鮮食品的市場卻乾淨又美觀

各式各樣商家填滿市場每個角落，空氣中交織著各種食物香味與小販吆喝的聲音，熙來攘往的人潮、店家熱鬧的叫賣，令人垂涎的食材，雖然全被收納在一個整齊的建築物裡，卻仍保有「菜市場」讓人瘋狂的各種元素！

▲每個商家前都擠了許多顧客，人潮熱絡

▲熟成乳酪有迷人的結晶

▲色彩繽紛口味迷人的蛋糕

▲中文店名淺顯易懂、單刀直入的肉鋪！

　　真的是不知從何逛起，我們就從電扶梯旁邊的咖啡店開始買，現場烘焙的咖啡豆半磅將近十元澳幣，熱拿鐵一小小杯五澳，有點貴，但是非常香醇，買！對面的麵包店是甜蜜陷阱，沾滿糖霜撒上磨細檸檬皮的甜甜圈、酥鬆厚實泛著黃奶油色澤的可頌、覆蓋大量新鮮水果的奶油蛋糕、加入菠菜臘腸燻肉烘烤的司康、裹上厚厚巧克力的泡芙，還有長得跟美食雜誌圖片一模一樣的杏仁洋梨奶油派……買！平均每個小點心單價大約三到六澳（約NT.70~150），不便宜，但是美食當前，我控制不住我自己啊！

　　路中間有人推了小攤兜售自製臘腸，一大條才五元？買！乳酪專賣店的山羊奶起司一塊特價三元？買！另一側有德國香腸專賣店，各種顏色的香腸在烤盤上滋滋作響露出「帶我走」的聲音，繼續買！

・熱血沸騰的午餐盛宴

近午，中央市場已經陷入一種熱烘烘的興奮，人們從各地拋下原本的牽絆聚集來此，帶著共同的希望，勾勒自己午餐的榮景。比起墨爾本的市場來說，這裡有個特別的地方，就是熟食的選擇非常豐富！想必是因為有非常多當地人都會選擇停車方便的中央市場當作購買午餐的地點。

▲連沙拉的搭配都好具有巧思

十一點多，熟食攤位擠滿了客人，每個店都有不同風格的料理，而且大多非常健康，除了以大量蔬菜與肉類組合成的潛艇堡、三明治之外，沙拉專賣店有好多口味特殊的沙拉，例如檸檬橄欖油拌豌豆、蜂蜜紅酒醋佐生菜、香草拌奶油南瓜馬鈴薯、大蒜洋菇義大利冷麵、西芹紅蘿蔔片佐北非小米……每一樣都超越我們對市場食物的想像，一點都不輸高級餐廳料理！

▲就像歐洲童話書裡出現的麵包造型

當顧客選擇喜愛的口味之後，店員會仔細地用深咖啡色很有質感的硬紙盒盛裝，附上木質的刀叉，連外帶餐盒都漂亮又環保。

接著轉往轉角的醃漬熟食店，一盒一盒小菜疊得山一樣高，全都是適合拿來配麵包的菜色：風乾蕃茄、鹽漬橄欖、大蒜橄欖油醃乳酪、雞肝醬、葡萄葉裹小米、葡萄葉捲香腸……一盒大約三到五澳，彷彿有種澳洲自助餐店的感覺，雖然每種食物都長得有些奇怪，但為了徹底體驗澳洲的味道，買！還為此去麵包店買了一大塊德國酸麵包來搭配！

就這樣直到野餐袋完全裝不下，老公與女兒用盡各種方法阻止我購物，才驚覺……夠了！該適可而止了！算一算在這裡已經花掉將近一百澳幣，大大超過午餐預算啦！只好壓抑對阿德萊德市場難捨的激動心情，再度啟程。

在蒙勒斯山瞭望台「凍」彈不得的野餐

離開了阿德萊德市區，現在，我們要往全澳洲最多葡萄老藤、最多世界知名酒廠的巴羅莎谷地（Barossa Valley）出發囉！

「媽咪，要去哪裡野餐啊？」女兒問。
「我們要去一個可以眺望整著巴羅莎河谷的瞭望台，邊看風景邊野餐喔！」
「好讚喔！」

帶著滿滿的食物與期待，我們驅車前往蒙勒斯山瞭望台（Mengler Hill Lookout），這裡距離阿德萊德市中心約一小時的車程，是谷地的最高處，很適合在此停留、欣賞美景。

順著導航來到瞭望台前，偌大的停車場只有我們一台車。山坡上有適合兒童遊玩的石頭公園，大樹下還有木質桌椅，野餐機能十分完備，風景安靜而遼闊，真的很美。不過……

▲蒙勒斯山瞭望台（Mengler Hill Lookout）看出去的風景

「外面風好像很大。」老公開口。

八月下旬是冬末春初，阿德萊德的中午陽光應該是溫暖的！但是，我忽略了這裡位在山丘上，山上的風可不是冬日的太陽公公可以趕跑的！

我們走下車試試溫度，一陣刺骨寒風迎面襲來……

▲冷風狂吹，只有我們一台車

「呃……風有點大，要不要在車上吃就好……也是可以看風景……」

「不、要！」兩個女兒難得回答的如此整齊。

好吧，只好把所有的保暖用品都套到女兒身上，女兒以兩隻小雪人之姿，開開心心的跑進石頭公園裡玩耍！前十分鐘還玩得很開心，接下來……

「媽咪，好冷，我要吃東西！」

能量在狂風中流失，我趕緊在大樹下的野餐桌打開所有的食物，每一樣味道都很好，不過，在狂風的吹襲下，每樣食物立刻變成冰的！

▲寒風中大樹下的野餐

冰的！冰的！冰的啦～～～～

我身為「提議來此野餐」的人，實在不能自亂陣腳，於是只好率先坐下，假裝非常美味的開始品嘗。

「噢，天啊，超好吃，妳吃吃看這個肉捲！哇！馬鈴薯也超好吃……唉呀，邊看風景邊吃午餐，真是太棒了啊～～～～」我唱作俱佳地吃著，一邊順手把食物塞進女兒嘴裡，希望我的演技可以暫時讓大家「以為」在這裡野餐很浪漫……

出乎我的意料之外，也許是因為太餓了？女兒們並沒太多抱怨，津津有味的把麵包、沙拉都吃光光，還為了搶最後一塊香腸而大打出手，我看著她們飛快地吃著，心裡非常欣慰，因為，吃快一點！好冷！我想走了呀！

▲硬著頭皮、包著頭巾，「浪漫野餐」　　　　　　　　▲寒風中依然笑容滿面的家人

原本想在這裡浪漫停留一個半小時的計畫，在冷風的催促下成了四十分鐘的快閃行程，中央市場帶來的優雅美食也因為太冷沒心情擺盤，而以大雜燴的方式全吞下肚。

無論如何，寒風中的野餐，還算不上失敗！而這只能歸功給我愈來愈不畏艱苦的家人們！你們，真是太適合旅行啦！

「**謝謝。**」看著家人的背影，我在心裡小聲地說。

陸媽小叮嚀：
孩子在旅行中的進步令我驚訝。這兩個小傢伙在台灣常為了雞毛蒜皮小事抱怨不已，但這趟旅途中，鮮少聽到不滿、愈來愈多正向的回饋，連我覺得很糟糕的事，孩子們都能一笑置之甚至從中尋找樂趣。我想，旅行不僅能放大視野，連心都會變得寬大，學會包容與接納。

巴羅莎河谷──神之「藤」

如果你和我一樣熱愛葡萄酒，而且曾對葡萄酒下過一番研究功夫，那，巴羅莎河谷的美景，對我們可謂是「聖地麥加」等級。

初抵澳洲，奔馳在雅拉河谷的葡萄園間，我已經感受到神仙般的雀躍，但是當我真的開進巴羅莎的葡萄田間，我感受到的不只是雀躍，還有一股凜然的崇敬，太驚人了！讓我屏息不能言語的原因是，放眼望去成千上萬棵葡

萄藤，幾乎每一棵都是經過數十年歲月淬鍊的「老藤」，唯有老藤才能產出具有深度風味的頂級葡萄酒。

大家知道葡萄是攀藤類植物，從細細捲捲的藤蔓開始長起，要攀成一棵極細的小樹都要經過好幾年的時光。雅拉河谷雖然是知名葡萄酒產地，卻因為較晚開始栽種的關係，葡萄藤活力十足卻細瘦。巴羅莎河谷的葡萄藤，呈現另一種經過歲月歷練後沉穩優雅的面貌！它們比較低、比較矮，沒有多餘的細枝，樹幹卻渾厚壯碩、盤根錯節，沉穩地站立在土地裡。粗大的根牢牢嵌入下方岩層，努力吸取地底每一滴水分，將多年的歷練轉化為甜美果實。

▲背後的矮樹正是好幾十歲的老藤葡萄！

像這樣每一株葡萄藤，都至少需經過數十年的歲月歷練。人要順利成長，躲過病魔的襲擊，平安度過數十個年頭都非易事，何況是這些脆弱的藤蔓？巴羅莎的每塊田園、每個山坡，卻幾乎都是這樣的老藤風景，這是多麼神奇而且令人感動的畫面？

巨大廣闊的葡萄園背後，蘊藏的是超過一個世紀以來，葡萄農人、酒莊對這塊土地持續不斷地保護與愛。

▲葡萄藤蔓要長成粗壯的樹幹需要長時間悉心栽培

歐洲移民在1842年來到此地，十九世紀的巴羅莎已經具備完整釀酒技術，省政府嚴格實行的檢疫措施，讓該區內的葡萄園免於根瘤蚜蟲的侵害，得以成功保存最古老的葡萄藤。至今，巴羅莎小鎮仍帶有些許舊世界的風情，巴蘿莎谷內擁有超過一百五十座酒莊和酒窖。因此，巴蘿莎可以驕傲地向世人宣告：「我是澳洲最古老、也是全球最頂級的葡萄酒產區！」

▲一望無際的葡萄園風景，令人心曠神怡

▲連旅館都跟葡萄藤有關呢！

・來去鎮上住一晚

　　來到巴羅莎，建議可以選擇住在Barossa Valley Way上的小鎮。

　　我們選擇的是巴羅莎藤旅店（Vine Inn Barossa），是一間便宜但乾淨舒適的汽車旅館，在Google地圖鍵入旅館名稱，可以直接搜尋。除了我們住宿的這間旅店外，小鎮上還有許多住宿點，可以直接點閱Google Map中"Barossa Valley Way"這個區域，連上各個旅店官網比較，隨自己的喜好選擇。

　　這個雅緻的小鎮充滿了來自各地、被巴羅莎葡萄酒吸引的旅客，生活機能好，有各式咖啡店、農夫市集、手工藝品店、花市甚至家具賣場，風景宜人、店鋪好逛，鎮上的鄉村餐館看起來都溫馨美味的不得了！若不是行程滿檔，真想在這裡多住一晚。強烈推薦沒有時間壓力的旅客在此停留兩夜，享受悠閒假期。另外，還有一個重點，就是這個小鎮離接下來我要介紹的四個酒莊都只要五到十五分鐘的車程噢！對於要進行酒莊接力品酒的愛酒人士來說實在是超級方便！

▼Barossa Valley Way是一個很好逛的小鎮！　　　　▼販售復古商品的老闆，整間店都是寶物

一路上經過的葡萄園，每隔一段距離，就會豎立一隻印有酒莊商標的牌子，象徵這塊葡萄園的葡萄將供應給哪一家廠商釀酒。藍天、白雲、葡萄老藤與酒莊商標，構成一幅絕美的風景。

　　算起來，最常出現的酒莊商標首推在地百年酒莊：詩寶特菲爾德（Seppeltsfield Winery），葡萄園面積非常廣大！接著也常見到傑卡斯（Jacob's Creek）、奔富（Penfolds）、禾富（Wolf Blass）這幾個世界知名大廠的牌子。我在心裡忍不住偷笑，果然我的葡萄酒神經是很敏銳的！這幾個酒廠都在我即將參訪的口袋名單裡面。酒莊巡禮，預備，開始！

陸媽小叮嚀：

建議訂房可以先參閱旅館官網，但最後選擇有和國際訂房網站配合的旅館，透過國際訂房網站下訂，確保訂單安全。
另外，探訪酒莊，請注意自己的酒量與行車安全，淺嘗即止，務必準備安全駕駛！喝酒不開車！

▼葡萄園裡豎立的標牌代表此處葡萄提供給此酒莊釀酒

★酒莊巡禮第一站：「禾富酒莊（Wolf Blass）」

▲Wolf Blass酒莊的經典老鷹標誌

▲驚人的大型葡萄酒儲存槽！

距離Wolf Blass酒莊入口大約還超過五百公尺，就看見大約有三層樓高的巨大不銹鋼酒桶，在陽光下閃閃發亮，不是只有一個喔，是層層疊疊、綿延不絕，目測應該有數百個無法計算容量的「大酒塔」，一路延伸到禾富酒莊的大門。完全工業化的釀酒規模，跟雅拉河谷小小的精品酒莊真是完全不同，實在令我大開眼界，無法想像每年到底要供應全世界多少葡萄酒，才會需要這麼誇張的巨大酒桶森林？

禾富酒廠是舉世知名、最成功的澳洲葡萄酒品牌之一，台灣各大便利商店、賣場，都可以見到他家親和力極高的酒款。走入遊客中心，門口就聳立巨大的老鷹金屬雕塑，是禾富令人印象深刻的「老鷹」商標。據說這是當地原住民的族徽，同時也希望以「老鷹」的意象做為酒廠的精神象徵。

以棕色系呈現的品酒室寬敞明亮，半圓形的開放式品酒檯歡迎所有旅客前往品飲，而且非常神奇的是：「免費品飲」！不知道平假日有沒有差別？我們一到品酒檯前，侍酒師就遞上酒單，讓我們選酒，但並沒有表示要收費，似乎是飲用特殊酒款才需酌量付費。但不收費反而不好意思喝，我們簡單品嘗一兩種台灣比較少見的酒款後，就跟侍酒師表達謝意，離開品酒空間，轉而在附近散步。

對於台灣人來說，Wolf Blass的酒幾乎都可以買到，「品酒」反而不是親臨酒莊的重點，來到這裡，主要是想看看「世界級酒廠」的規模。聽說在不銹鋼桶內，這些由巴羅莎葡萄釀製的葡萄酒，還會再跟其他澳洲東南部各

▲和釀酒師（海報）合照

▲爸媽品酒，孩子也可以在浪漫薰衣草
花園裡開心玩耍

地的葡萄園混調，結合出全新的風味，本著Wolf Blass釀酒的三個基本要求：
「飽滿的香氣（fully flavor），柔軟的口感（soft in mouth），簡單易飲的風
味（easy drink）」，製造出全世界都喜歡的日常餐酒。

我們漫步在酒莊周邊，身後是工業風的酒桶森林，而眼前仍有一片葡萄
園，種植許多五十年左右的老藤，藤蔓附近開滿了像是薰衣草的紫色小花，
環境自然而浪漫。我想，Wolf Blass平易近人的風格，不只反應在酒上，也呈
現在酒莊的樣貌，這舒適自然不做作的氛圍，就是他廣受歡迎的原因吧？

★酒莊巡禮第二站：傑卡斯酒廠（Jacob's Creek）

十九世紀中期，一位德國移民「約翰葛蘭」來到巴羅莎河谷，在傑卡斯
溪畔開墾了自己的葡萄園，終其一生的努力，將荒蕪的土地培育出繁盛的葡
萄樹，「傑卡斯」這個地名因此有了意義。1976年，有個酒廠以其為名，成
立巴羅莎谷的第一座商業葡萄酒工廠，開創規模龐大的葡萄酒王國，短短數
十年，這個酒莊竟然幾乎成為澳洲數一數二的大酒廠，在世界各地獲獎不計
其數，它就是「傑卡斯（Jacob's Creek）」。

傑卡斯酒莊腹地廣大，要先開進一個長長的車道、穿過一小座森林，才
會看到坐落在小丘上的遊客服務區。景色非常優美，寬闊的葡萄園綿延至遠
方層層疊疊的翠綠山巒，可惜的是這一區的葡萄樹看起來樹齡並不長。

靠近遊客中心的葡萄園豎立一座裝置藝術：一個設計搶眼的木質方向指
標牌，以白底黑字標示著傑卡斯酒莊與世界各主要首都的距離。在藍天白雲

▲傑卡斯酒莊的風景

綠野的陪襯下，畫面如同明信片般秀麗，所有的遊客抵達這裡幾乎都是先來拍照，記錄下如畫風景。

走進遊客服務中心，會先看到展覽空間展示Jacob's Creek的歷史沿革、歷年獲獎酒款，接著是販售酒與手創紀念品的小鋪，然後是品酒室，只要付十元澳幣就可以品飲酒單上所有的酒款！聽起來已經夠划算了吧？但好康可不只如此，這十澳幣的品酒費用，還會在購買「任何一瓶酒」時扣除，品飲等於是免費的！因此品酒檯前擠了滿滿的人，很多當地人都會選擇空閒的時間，專程開車來此，遠眺自然風光、品嘗十幾種美酒，再買個一兩瓶回家享用，花少少的錢卻可擁有放鬆而優雅的下午。

▲挑高、時尚、舒適的品飲空間

對照起Wolf Blass驚人的酒桶森林，Jacob's Creek周邊倒是一派田園風光——沒有看到儲藏葡萄酒的酒桶耶？也許是比較低調，把酒桶藏在遊客看不見的角落？抑或有別的專門造酒藏酒的酒窖？畢竟以它澳洲首屈一指的出口量，酒桶絕對要比其他酒廠要多才對？這個謎，就有待好奇的遊客自己去解開囉！

・嗶嗶！執行酒測勤務！

離開傑卡斯酒莊時，穿過大廳，小女兒叫住我……

「媽咪，這是什麼？」她指著牆壁上一個大大的機器，寫著「BREATHOMETER」。

「這……好像是……酒測器耶？」

「我要測！我要測！」女兒們爭先恐後。

「妳們測什麼測？要測也是媽咪先測！」我二話不說立刻照指示拿起吹管狠狠地吹一大口……

「嗶嗶！0.2！」怎麼可能？這一站我可沒品酒耶？為什麼有0.2？

「媽咪，我也要吹！」小女兒搶過吸管，逼老爸抱起她，對著吹氣孔狠狠吹了許久，好不容易OK的指示燈才亮起。

▲過度嚴格的酒測器！

「嗶嗶！0.2！」這是怎樣？小女兒也0.2？

「齁～小妹，妳有偷喝酒喔？」老爸跟老姊開始打趣的譏笑妹妹，妹妹惱羞成怒，大聲反駁，發怒跑走了。姐姐也覺得好玩，湊上前吹一口……

「嗶嗶！0.2！」什麼嘛……根本每個人都是0.2！

「我看喝醉的根本是這台機器吧？」姐姐說。

全家哈哈大笑，放棄再繼續使用這台「酒醉」機器。後面剛從品酒室走出來的幾個澳洲人看起來都神智清醒，談笑自若，也湊上去繼續用……

「嗶嗶！0.8！」竟然出現超誇張的數值，機器還亮起紅燈！

後方的澳洲人響起一陣哄堂大笑，互相吐槽彼此喝太多了，而被測出0.8的苦主一臉愁苦的辯稱自己才喝幾小杯。看來這是一台「超安全」的機器，用高數據來警惕大家要小心行車安全！

如果有機會來到傑卡斯酒莊，別忘了用門口的「高標準酒測器」測一下，Jacob's Creek貼心為所有品酒客人的安全把關噢！

陸媽小叮嚀：

在大人行程中，別忘了隨時幫孩子們找點樂子！其實每個地方一定都可以找到引發孩子興趣、富有教育意義的小細節。

▲歷史悠久的酒莊，囊括大半巴羅莎的老藤葡萄園

・澳洲必遊的頂級獲獎酒莊

詩寶特菲爾德（Seppeltsfield），這個名字對大多數的台灣人來說是陌生的，但卻可以在澳洲旅遊官方網站上輕鬆找到，特別為愛酒旅客介紹的專題：「澳洲極致酒莊體驗」，更將「詩寶特菲爾德酒莊」列為必遊的頂級獲獎酒莊。

為什麼它這麼特別？

因為Seppeltsfield Winery是世界上僅存「唯一」一家每年可以出產「百年單一葡萄酒」的酒莊，擁有最多裝滿酒的百年酒桶，並且持續從桶內出產葡萄酒，在葡萄酒界具有傳奇性的地位。友人Joey代理了這個酒莊經典的「雪莉酒」系列，也是我家酒窖的收藏品之一。

「澳洲產雪莉酒？」對酒有研究的人或許會這麼問。

一般人對加烈酒的認識都停留在：「西班牙雪莉、葡萄牙波特」，殊不知，其實澳洲擁有一間連西班牙雪莉酒廠都會前來取經的極致百年雪莉酒莊！

1850年，來自歐洲中部的移民約瑟夫·詩寶特菲爾德，和妻子來到巴羅莎河谷，購買了土地打算種植菸草，但一段時間後英國對於葡萄甜酒（雪莉酒）與藥用白蘭地出現大量需求，夫妻倆決定改種植經濟利益更高的葡萄，詩寶特菲爾德家族的釀酒之路，正式展開。

最令人感動的是，接手的後代子孫對於釀酒展現高度的使命，即使遇到了兩次世界大戰，詩寶特菲爾德酒莊也沒停止釀酒。從1878年至今，詩寶特菲爾德酒莊擁有完整的年份雪莉酒，才能成就今日的「世界唯一」。

對於當地人來說，這間酒莊具有極大的歷史意義，路上所見的老藤葡萄

園幾乎都標上「詩寶特菲爾德」的牌子，甚至來不及外銷，他家的紅酒在澳州境內已經供不應求。

·大手牽小手，漫步在酒莊

在Joey的介紹下，我們行駛在「詩寶特菲爾德路（Seppeltsfield Road）」，穿過許多起伏的小丘陵，即將抵達傳奇的酒莊。

「媽咪，酒桶又出現了！」大女兒高呼。
「媽咪，有城堡！有城堡！」小女兒驚叫！
「城堡在哪裡？」大女兒也跟著尖叫。

我順著她們手指的方向看去，沒錯！道路前方出現一堆巨大的銀色巨桶，以及高聳的煙囪，鵝黃色磚砌牆面沿著山坡而建，被蓊鬱的森林圍繞，確實有童話故事裡城堡的感覺，詩寶特菲爾德酒莊，就在眼前。

這個酒莊比之前幾個酒莊感覺更適合親子一同探訪，整體建築保留當年歐洲移民的藝術式樣，雖然不若法國城堡華麗，但給人心曠神怡的度假感，入口處的迎賓亭像農莊小屋般可愛，往內走去的品飲空間、儲酒區，都以黃灰相間的石砌風格蓋成典雅的莊園，置身其中，真正感覺自己「漫步在酒莊」。

▲莊園內十分安全，適合親子遊憩

▲酒色如寶石般濃郁的年份雪莉酒。

「詩寶特菲爾德酒莊」的品酒室挑高寬廣，遊客可以在無壓力的空間倚靠著吧檯免費品嘗幾款基礎的紅、白葡萄酒，與最受歡迎的三款年份雪莉酒。

以「雪莉酒」為明星商品的Seppeltsfield，要喝到它的紅白葡萄酒並不容易，產量稀少，無法販售到一般通路。親自來到這裡，卻可以得到「免費品飲」的機會！紅酒使用詩寶特菲爾德酒莊多年來精心培育保護的特殊品種老藤葡萄。單一地塊、老藤葡萄，造就其與市售紅酒截然不同的風味，強而有力、單寧厚重、需要花時間慢慢品飲，具有陳年實力。

此時，親切美麗的侍酒師ISA通知我們，在「有力人士」友人Joey的介紹之下，酒廠為我們安排了超棒的行程：「百年酒倉導覽」！

天啊！太開心了！馬上通知在外面花園玩耍的女兒們一起參加，也再三叮嚀：

「百年酒倉庫是一般人去不了的地方！所以妳們一定要很乖！很乖！很乖！」兩個調皮小傢伙似懂非懂的點點頭，我們一家懷著崇敬又雀躍的心情，跟隨ISA，推開了酒窖後方厚重而神祕的大木門……

・凝滯時光的祕密酒窖

「媽咪，好像城堡的門喔……」女兒們有種自己化身為公主的錯覺。

「所以我們要非常有禮貌、非常有氣質，才能當走進城堡裡的公主……」

話還沒說完，小女兒已經咚咚咚的衝到樓上，衝進酒桶與酒桶的走道間，準備拍打酒桶……

我差點昏倒，也只好衝上樓抓住失控的小女兒。ISA一臉驚恐的看著我們，我只好不停致歉，一邊怒瞪小女兒一邊抓緊她的手。

「可以爬到木桶上玩嗎？」小女兒繼續挑戰我的底限。

「當、然、不、行！」我簡直咬牙切齒，她卻完全無視我的怒意，興奮地盯著酒桶，似乎在研究從哪一個開始爬最好。

▲酒莊裡的祕密酒窖，陳放照年份排列的百餘個酒桶

對女兒們來說，這層層疊疊的酒桶就像冒險公園一樣，但殊不知，這裡每一桶酒都是天價！天價啊～～～

若不是被她倆給嚇到，我一定會為眼前的畫面震攝到無法言語！

巨大的酒窖整齊排列從1878開始編年的酒桶。你沒看錯！竟然還留有1878年釀製的酒！從1878年到2015年，一百多個大酒桶依序擺滿了整個倉庫，盛裝著被用心釀製的雪莉佳釀，每一年的風土記憶都濃縮在桶裡。這裡就像是巨大版的時空膠囊，用酒桶蘊藏跨世紀的祕密，輕輕觸摸每個酒桶，不敢打擾，經過一百多年的沉睡，不知道何時才會有王子叫醒他們呢？

▲很想在酒桶中奔跑但只能假裝優雅走台步的妹妹

▲酒莊將有百年歷史的地下倉庫改造為宴會廳

咚咚咚咚的腳步聲又出現了……女兒又忍不住開始在酒窖裡奔跑！天啊！我竭力忍住暴怒的衝動，優雅的走向女兒，一把將她們抓回來。

拽著兩個精力旺盛的小孩，我決定趕緊結束這趟旅程。步下酒窖，心裡還有點不捨，回憶著酒倉安靜的力量。

這一百五十年來，世界的變化絕非當年詩寶特菲爾德夫婦可以想像，但是，他們釀製的味道，卻仍

陸媽小叮嚀：

帶著暴衝的孩子參訪珍貴文物時真的會捏把冷汗。其實巴羅莎的這段行程有點失衡，大人行程太多、孩子放電不足導致精力過剩，覺得無聊，儘管如此，她們仍很樂意陪伴，當然媽媽自己也有檢討，下一次在規畫行程時會特別注意。藉此也發現，在旅程中建立對家人喜好的尊重、包容，學習對彼此的遷就、退讓，也是全家心靈成長很重要的課題。

被後人珍惜的保留，彷彿還可以見到農夫打扮的酒莊主人在酒桶前辛勤工作的身影……這跨越歲月的邂逅，混合著醇美的酒香，令人沉醉。

‧高貴也真的很貴的酒莊晚宴

晚餐，我們選擇在酒莊內的餐廳：FINO用餐，這間餐廳標榜使用巴羅莎的在地食材，配合傳統的料理方式，在當地受到很大的好評。

餐廳本體使用以前的酒窖建築，再加上新潮的酒吧元素，創造出復古溫暖卻時尚的特殊風格，招牌酒款當然就是Fino—不甜雪莉酒，點用後會直接從特製的橡木桶中倒出，十分特別。而料理多以燉煮或火烤的方式烹調出食物真實的味道，擺盤美觀，可以看到很多細節上的用心。

畢竟是知名百年酒莊的餐廳，餐點美味程度不在話下，但……分量不大，價位也不便宜，也許是被前幾夜自己煮的吃到飽行程給養大了胃口？吃了兩道主餐、兩道兒童餐以及沙拉、麵包後，竟然沒有飽足感。

▲復古又時尚的酒莊餐廳──FINO　　　　▲從酒桶直接倒出的FINO雪莉酒。

　　女兒們用餐過程很乖巧，謹守用餐禮儀，但一家人為了營造出優雅的氣質而吃得十分拘束。付完所費不貲的餐費，覺得若有所失，最後，我和老公一致覺得，帶著孩子的小資家庭，還是去普通小餐廳吃飯比較適合啊！昂貴的高級餐廳也許情調十足，但平凡一點的吵鬧餐館相對自在！

陸媽小叮嚀：

一定有很多家長想到要帶孩子去高級餐廳就害怕，我們也是……但如果有機會帶孩子去高級餐廳用餐，我都會請她們自己保持氣質、使用刀叉，感受跟大人一樣的優雅用餐方式。從小訓練餐桌禮儀，讓孩子獨立用餐是很重要的喔！大人可別太過操心！

　　酒足飯飽後，在詩寶特菲爾德酒莊寬闊的花園廣場散散步。月夜下，美麗的莊園滿足我心中對「酒莊巡禮」的期待，十九世紀以來的百年風華，正在這靜謐的莊園等待有緣的訪客。

▼小女兒很喜歡自己切肉吃排餐　　　　　▼兒童餐的菜色是鄉村烤雞腿

★酒莊巡禮第四站：奔富酒廠（Penfolds）

　　若要選擇澳洲最具有代表性的酒廠，除了傑卡斯、禾富之外，奔富（Penfolds）絕對是最優秀的酒廠之一！

　　與前兩家酒廠不同的是，奔富不只釀造簡單易飲的日常餐酒，許多高級酒款更是表現亮眼，多年來酒廠致力於打造葡萄酒的極致工藝，讓他們的頂級酒款"Grange"在拍賣會上創下一瓶一百五十萬台幣的夢幻佳績，一舉將原本不為世人所知的澳洲葡萄酒帶入新的里程，奔富也成為澳洲高級酒廠的代名詞。

　　現在這個位在巴羅莎河谷的奔富遊客品酒中心，規模也頗大，除了設備完善的展售中心外，後方的工業區豎立著近百個巨大的不銹鋼儲酒槽，正進行釀酒作業，但，卻不是奔富的起源地。

　　1845年，來自倫敦的克里斯多夫‧羅森‧奔富醫生（Dr. Christopher Rawson Penfolds），與妻子瑪莉在南澳阿德萊德郊區蓋下一座石屋，他們以瑪莉家鄉的所在地名稱"Grange"為這間屋子命名，並在四周種下葡萄，原先是醫生為了製造藥用酒，沒想到釀造的葡萄酒廣受大眾喜愛，開啟「奔富酒

▲奔富酒廠的巴羅莎遊客中心

廠」的傳奇。至今，這間小屋仍被保留完好，甚至被澳洲政府列入文化遺產，那就是位在阿德萊德丘，由奔富醫生夫妻白手起家創建的「瑪吉爾葡萄莊園（Magill Estate Vineyard）」。沒能一睹莊園的風貌，真的十分可惜，但還好，至少也算親臨了奔富的巴羅莎廠區。

▲奔富酒莊的品酒空間

在品酒室前有個小小的立牌，寫著品飲規範：「品酒費用十元澳幣，可品飲酒單上所有的酒款。品酒費用在購買酒時可扣除。」

酒單順序，一共有十二款酒，兩白、一粉紅、八款紅酒與一款雪莉酒，現場提供品飲的酒款都很不錯，除了數字系列中的高價酒款28,389外，也有更高等級的珍藏系列與親臨酒廠才買得到的限定款！我發現大部分的客人都會倚靠在吧檯上慢慢品嘗全部的酒款，一邊聽侍酒師介紹酒款特色，一邊與隔壁客人閒聊，體會每種珍釀在細微處不同的表現。

▲幸福品酒時刻

感謝老公放棄品酒的權利，帶著孩子在外面花園玩，讓我擁有愜意的品飲時光，可以帶著微醺的愉悅和巴羅莎說再見。飄飄然坐在車上，看著車窗外美好的藍天，隨處皆是葡萄園與酒莊，風景如畫、美酒如詩……如果你像我一樣熱愛葡萄酒，真的，一定要來巴羅莎一趟。這條如夢似幻的葡萄酒之路，要親身走過才能體會那份感動。

陸媽小叮嚀：

每個酒廠的收費規定、旅客服務現況都可能隨時改變，建議上官網查詢最新消息！小酌怡情，但一定要「淺嘗即止」，飲酒過量，有礙健康！嚴禁酒駕！

喬治野生動物園，讚喔！

想到澳洲，直覺聯想到「動物天堂」，去澳洲不去看看可愛動物們，簡直就失去來到澳洲的重要意義！不過，澳洲的動物園多到不像話，「該去哪個動物園？」是個困難的選擇題。

我們去的每個城市都有很棒的動物園，最後決定參訪位在阿德萊德偏遠市郊的「喬治野生動物園（Gorge wildlife park）」，最大的原因就是因為：「可以抱無尾熊！」

在此先跟無尾熊說對不起，真不好意思，其實無尾熊應該很討厭觀光客的「愛的抱抱」吧？我也猶豫掙扎再三，但是，良心還是不敵心中的渴望。「我真的好想好想好想抱可愛的無尾熊喔！」胖嘟嘟又溫馴的無尾熊真的是動物明星，在我心目中實在有很高的地位，太可愛！太可愛了！

澳洲能合法抱無尾熊的動物園屈指可數，「喬治野生動物園」是其中之一，「koala holding」的活動不需另外付費，每天有三個時段可以擁抱無尾熊，費用竟然還含在門票內！

「如此一來，門票一定很貴吧？」
懷著戰戰兢兢的心情到官網上查詢。蝦米？我看錯了嗎？兩個大人加兩個小孩的家庭票只要46澳幣？這遠比大多數動物園便宜耶！真的超適合預算不多的家庭客！我們當然二話不說把這兒列為旅程中重要景點。

「喬治野生動物園」位在巴羅莎與阿德萊德丘之間，很適合作為兩個地區的中間停留站，離阿德萊德市中心也只需要四十分鐘左右的車程，起伏的山路穿越森林與山丘，自然美景令人心曠神怡。

▲美麗的白孔雀在歡迎我們！

這個動物園的規模不大，遊客多是澳洲本地人，我們在平日入園，整個園區內的遊客也許還不到百人？閒適的氛圍讓遊賞的步調慵懶而自在。只有排隊等候抱無尾熊時稍微花了點時間，不過在野生動物園裡排隊一點也不無聊，很多動物在身邊晃來晃去，不怕生的彩色鸚鵡在遊客身邊踱步，還有隻雪白大孔雀驕傲地搖曳著扇子般的大尾巴，以開屏之姿在大家面前「表演」，大女兒超開心，喊著：「一來就遇上孔雀開屏，感覺好好運！」

• 失控媽咪……寶貝，對不起！

真的很好運嗎？那可不一定！開心的感覺馬上被起床氣超嚴重的莉娜妹妹給破壞！原來她才剛在車上睡著，就抵達動物園，被迫下車後「起床氣」開始發作。無理取鬧的小孩是世界上最可怕的生物，妹妹又是無理取鬧界中的高手，一連串的哭鬧吼叫、討抱、發脾氣，讓我怒氣飆升，決定放手不牽她，她竟然直接腿一軟坐到泥濘的地上踢腳耍賴大哭！

我簡直怒火中燒，一手把她拽起，另一巴掌直接往她的屁股拍去！

「啪！」雖然沒有很大聲，不過這一下屁股也足以讓周遭的空氣都凝固。其實我自己也嚇到了，我們家並不是100%愛的教育的家庭，平時小孩犯錯會給予三次警告，三次不聽就會打屁股，但是很少需要動用體罰，這個狀況其實不到「出手」的程度，好好規勸即可，我到底在幹嘛！？

妹妹被揍了屁股後反而立刻安靜，大概是起床氣被澆熄了，過來討饒黏住我。我看到附近有幾個父母責備的眼神，心裡感到很愧疚，可是也拉不下臉跟妹妹道歉，所以我又甩開她的手，威脅她：「我再也不理妳了！」轉過身氣鼓鼓的排隊，不跟她說任何一句話。其實，我是不想跟自己說話。

▲抱抱無尾熊的憑證,與瞇眼討饒的妹妹

對自己的舉動,我自知理虧,但聽到老公在旁加碼指責:「**不要在大庭廣眾下打小孩。**」頓時覺得有一大堆眼睛盯著我瞧!怒氣未消的我氣到甚至想掉頭就走,不要逛動物園算了!

還好此時大家期待的「抱無尾熊時間」終於開始,前方排隊的大人小孩們發出興奮的驚呼聲,隊伍開始往前移動,轉移了我們家吵架的注意力。

遊客把門票內附的「抱無尾熊憑證」交給工作人員後,就可以擁抱無尾熊,共有三隻胖嘟嘟的無尾熊正大吃工作人員手上的尤加利樹葉,看起來心情相當好。在安全考量下,孩子們只能與無尾熊合照,輪到我時,工作人員親切地教我把雙手打開、擺出完美的「抱姿」,穩穩地把無尾熊放入你的懷中⋯⋯

啊啊啊啊啊啊~無尾熊肥碩厚實的灰色身軀太討人喜歡了!

・我被無尾熊「愛的抱抱」融化了

▲被無尾熊擁抱的我實在太幸福了!

懷裡的無尾熊先生緩緩抬起臉,轉過來盯著我看。那一臉傻樣,噢,對不起,那一臉萌樣,那憨厚稚氣的眼神,任何人都會被融化。然後無尾熊先生大概覺得我頗不好看,睨了我一眼轉頭回去繼續吃尤加利葉,毛茸茸的耳朵掃過我的臉,暖暖香香的毛皮味道好好聞,沉甸甸的重量好可愛,真的超想擁有這麼療癒的寵物啊!

當然,這只是不切實際的幻想,當我還呈現雙眼變成愛心的的興奮粉絲狀態

時，保育員笑咪咪地把無尾熊先生抱回去了。唉，雖然不捨，但能跟無尾熊親密接觸我已經心滿意足，短短的幾十秒抱抱，足以讓我忘記所有不愉快的心情。

▲能近距離摸摸無尾熊，孩子們好開心！

離開無尾熊小屋，我剛剛失控的心情已經調適好了。小莉娜還怯怯地跟在我身後，我輕輕抱住她，主動跟她道歉：

「媽咪剛剛打妳是媽咪的不對，妳會原諒我嗎？」莉娜妹妹用力緊緊抱住我，算是回答。

「那以後可以不要耍賴嗎？媽咪溫柔跟妳說，妳也乖乖聽話，好嗎？」莉娜露出靦腆的微笑，拼命點頭。

母女倆的衝突就在無尾熊的潤滑下被甜蜜化解。我也在心裡默默叮嚀自己，要對孩子多一點耐心與包容。一家四口恢復吵鬧歡樂的狀態，牽著手開心往前走，繼續展開我們的動物園探訪。

陸媽小叮嚀：

體罰小孩到底對不對？
很多人持反對意見，但我認為需要有「規範」與「適度的罰則」，來約束孩子控制自身行為。當然體罰不好，但絕不該放任孩子胡鬧！訂立罰則，勸導無效後才使用。
「因材施教」有其必要性，父母應隨時檢視自己是否保持理性且關愛的心，讓孩子在充滿愛、信任卻不放任、有規範的環境下成長。同時，如果父母發現自己懲罰失當，記得要向孩子說對不起，以身作則，建立承認錯誤的態度。

▲袋鼠在這裡有吃不完的紅蘿蔔和
蘋果，愜意地生活著

·滿山遍野的袋鼠家族

　　帶著愉悅的心情，穿過袋熊區、梅花鹿區，還沒預料到接下來會看到什麼動物，就被眼前的景象給驚訝到目瞪口呆……前方的山坡，滿滿的袋鼠啊！

　　各種顏色、大小的袋鼠們或躺、或坐、或臥，舒適地在草地上曬太陽，沒有圍籬的自然野生環境，根本就是袋鼠天堂！而且這些袋鼠完全不怕人類，慵懶地接受大家的撫摸與餵食，好乖好可愛！正當我們拿著紅蘿蔔，打算討好袋鼠時，忽然一個澳州小男孩衝進草原裡給袋鼠一個飛踢！我們全家瞬間傻眼，然後小男孩繼續追著袋鼠跑，繼續給下一隻袋鼠飛踢！

　　這行為換作是發生在我家小孩身上，我應該已經衝去飛踢我的小孩了！不過我抬頭尋找他的父母，看到他老爸只是慢慢走來，溫柔而理性的跟男孩講道理。一段時間後小男孩點點頭，離開了袋鼠群們。

　　我直覺皺起眉頭，踢動物的當下就應該立刻制止並且給予適當的責罵吧？轉念一想，「責罵」是讓孩子臣服於大人的威嚴下，「溝通與理解」或

▲袋鼠媽媽帶寶寶一起曬太陽，好舒服！　　　　▲完全不怕人的袋鼠，摸起來像兔子一樣柔軟

許是讓孩子真正從心底轉變的關鍵。但，是否正是過度溫和的教育方式，才造就「衝過去飛踢袋鼠」的調皮小孩？唉！如何教育孩子，真的是父母必須不停學習的課題，哪一種教養方式才是最正確的？沒有標準答案，但是，父母也需要不停的控制、檢視自我，全家才能一起成長。如何讓愛的教育更深植入心？我還需要學習。

　　除了這兩個小插曲引發我的思考，「喬治野生動物園」本身的動物也沒讓我們失望。它算是「道地澳洲風土」的動物園，沒有太多珍奇異獸，但無尾熊、大嘴鳥、鴕鳥、梅花鹿、袋熊、小綿羊、小山羊、巨無霸兔、大蝙蝠……應有盡有，也有一些特色動物像是黑豹、駱駝、珍珠猴……還有滿山遍野不怕生、柔軟好摸的野生袋鼠，非常適合闔家遊賞！

　　另外，逛動物園的同時，不妨觀察一下澳洲家庭的親子互動，也許也會有不一樣的收穫呢！

▲被摸到出現陶醉表情的袋鼠媽媽好可愛　　　　▲大嚼女兒裙子的可愛小羊

Longview Vineyar

▲精品酒莊Longview的莊園風貌

在精品酒莊Longview找尋慢活的幸福

奔波了這麼多天，本次旅行最悠閒浪漫的行程終於來到了—前往阿德萊德丘（Adelaide Hills）的精品酒莊Longview享受兩夜的度假時光！

怎麼會認識這個特別的酒莊呢？

緣起於兩年前參加友人Joey主持的品酒會，喝到這家莊園的酒款，驚為天人！看到品酒會上播放的民宿自然美景，印象深刻，終於讓我們等到親身前往的這一天。這趟阿德萊德行的壓軸，就決定在精品酒莊Longview好好的放空、放鬆，體驗慢活的樂趣。

第一天抵達阿德萊德丘已經近晚，氣溫剩十二度，山路昏黑，看不清外面的風景，又冷又餓又累。check in後進入房間，迎面而來的暖風立刻溫暖我們的身心！預先點好燈、開好暖氣的小動作讓旅人倍感窩心，舒適的大床、沙發、小廚房、小餐桌、乾濕分離的浴室……都是基本配備，所謂「魔鬼藏

▲民宿房間窗外的葡萄園景觀

▲酒桶馬車的裝置藝術很吸睛

在細節裡」，最令我們感動的是在打開冰箱的那一刻……滿滿、滿滿的食物和酒！

這是我第一次在旅館的冰箱裡看到這麼多生鮮食材！冰箱裡的食物通常都要付費，所以我翻找冰箱附近是否有價目表，竟然看到一張「除了葡萄酒外所有食物免費使用」的告示，天啊？真的還是假的？這間酒莊旅館對旅客也太好了吧？

不只冰箱滿，連小餐桌上的點心籃也塞滿穀片、餅乾、巧克力，甚至還有新鮮咖啡豆與濾壓式咖啡壺，翻著冰箱裡的吐司、番茄、蔬菜、雞蛋、里肌肉排、起司、牛奶等各式食材，我的腦海裡已出現美味的菜單，立刻著手料理晚餐。

在Longview，沒有忙碌的藉口，只應該放慢腳步窩在莊園裡，散步、做菜、喝酒、看天空，享受生活的每個寧靜時刻。

▼冰箱裡的食材可隨手變出精緻料理

▼穀片加牛奶是孩子們最愛的早餐

▼可以眺望葡萄園泡澡的豪華民宿

▼冰箱裡每個角落都是可口的食材

▼一進門的玄關就放滿莊園自釀的美酒

▲非常親切的酒莊莊主Peter

▲擁有寬廣美景的酒莊餐廳

▲每到周日一定爆滿的Sunday Tapas Party

完美的星期天：Sunday Tapas & 女兒做的晚餐

特別選擇周六入住的原因，就是為了迎接Longview莊園的「周日無菜單午宴」—Sunday Tapas！

Longview的Sunday Tapas在阿德萊德頗負盛名，每到星期天，許多當地人會盛裝打扮來此聚會，在葡萄園美景中享受美酒與主廚特製料理。

午宴還沒正式開始，餐廳已高朋滿座，親切的酒莊莊主Peter總是親自照料所有客人。周日中午是澳洲重要的聚會時間，隨著莊園裡取之不盡的美酒、主廚不停獻上的驚喜美食，以及顧客們不間斷的爽朗笑聲，建構出歡愉的Sunday party time。

▼Sunday Tapas，隨興自在品酒、享用無菜單料理

我們從中午大吃大喝到傍晚，帶著醉醺醺的踉蹌腳步，在女兒的牽引下散步回房，女兒們見我和老公一付醉樣，竟主動說要照顧我們，要煮晚餐給我們吃！

我們受寵若驚，馬上答應，把晚餐交給小廚娘準備，爸媽負責洗衣、整理行李、窩在沙發喝酒。

▲女兒們的手藝，不輸咖啡館的早午餐呢！

澳洲幾乎都使用電子爐，很安全，女兒已熟悉操作，兩個女娃分工合作煎培根與蛋、烤土司、炒番茄鮪魚⋯⋯享受不用趕行程的悠閒，品嘗女兒的手藝，簡單卻備感窩心。

▲靛藍星空，皎潔明月，把酒言歡，人生當歌

在Longview的時光，是完美的度假時光。什麼都不用多想，回歸到單純的快樂，做早餐、散步、參加午宴，喝到醺然，用冰箱食材做簡單料理，吃飽後泡個暖暖的澡，披上外套到葡萄園裡看滿天星斗，夜深了，就著落地窗外靛藍色的星空入睡，人生如此，夫復何求。

這樣的充電，也累積努力生活的動力，督促自己繼續在忙碌的生活常軌上奮戰，才有資格與能力給自己和家人安排偶爾奢華的旅行。

Work hard , play harder, right?

陸媽小叮嚀：

也許你看到孩子煮晚餐給爸媽吃覺得很誇張，其實，我們都有在旁偷偷關心，但放手讓她們去做。偶爾當「沒用的父母」，才能創造「有用的孩子」，不是嗎？當孩子可以「照顧」父母時，他們會獲得很大的成就感喔！別讓自己永遠這麼累，適度偷懶一下吧！

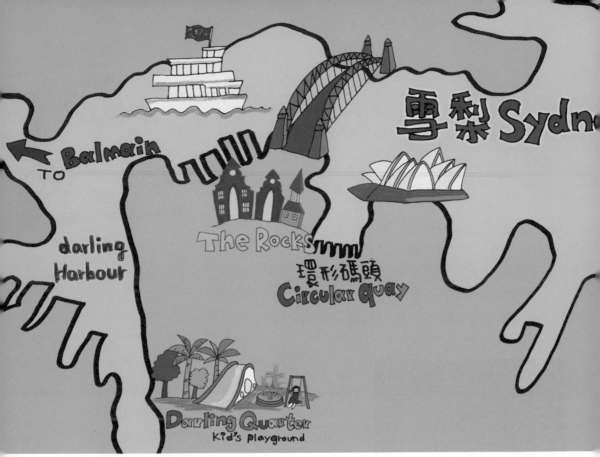

 ## 雪梨─魅力無窮又多元化的城市

香甜多汁的陽光之城？

「雪梨，聽起來好好吃喔！」這是女兒們對Sydney一致的想法。

「很抱歉，雪梨沒有雪梨耶……」聽到我這麼說，兩個人一起大聲惋嘆。

不過雪梨就算沒有雪梨，也絕對值得一遊。

Sydney，雪梨，許多華人稱呼為「悉尼」，是澳洲人口最多、最稠密的城市。

原住民在雪梨地區居住已有上萬年的悠久歷史，但1788年英國第一艦隊的船長「阿瑟‧菲利普」來到此地，發現了這個美好的海灣後，便在此建立殖民聚落，亦充當罪犯的流放地。複雜的人種、多元的文化造就雪梨富有戲

劇性的背景，也促成今日人文薈萃的風貌，現在的雪梨不但是澳洲最大的金融中心，也是國際主要旅遊勝地，擁有得天獨厚的陽光、沙灘、美麗市容與無敵海景，商業繁盛卻又舒適宜居，是來到澳洲必訪的城市。

超值又有深度的城市自由行

跟墨爾本比起來，雪梨溫暖許多，不過在安排旅遊行程時我們發現雪梨的博物館、展覽館、市區旅遊巴士……都是要收費的，費用也不便宜，旅行預算比起其他城市似乎比較難控制，如何玩的道地、特別，大人小孩都開心卻不花太多錢？這就考驗安排行程的智慧了。

為了深度體驗這個城市，選擇住宿點時決定市中心、市郊都住住看，感受一下繁忙商業區與純澳洲住宅區的不同。雪梨住宿略比其他城市貴，比價後我先預訂位於市中心、中央車站旁，徒步可走到雪梨歌劇院等重要景點，交通方便、價位合理的「龍都飯店」，再透過Airbnb預訂了另一間略為超出預算但位在貝爾明區（Balmain）碼頭邊，徒步可及小沙灘、窗戶可以看海的澳洲家庭民宿，體驗純澳洲人的生活。

正因為訂了這間海邊民宿，我們發現雪梨有種好玩的平價交通工具：「船」！

雪梨是海港都市，其實往返雪梨很多地區，搭當地交通船比走陸路還要快！我們住宿海邊的貝爾明區，走陸路到歌劇院需要半小時，搭交通船卻只要十二分鐘！而且費用只要兩澳幣左右，很便宜。所以自由行的旅客不一定需要選擇昂貴的觀光渡輪，可以改搭乘一般居民的交通船，價格平實、停靠站多、港景優美，而且更能體驗當地生活，大大推薦！

▲交通船停泊的小港口，剛坐船回家的澳洲學童

▲自己練習買票　　　　　　　　　　　　▲新奇又舒適的雙層電車

▲嘗試使用票卡進站

雪梨的大眾交通，不像墨爾本那麼親民，電車都要付費，雖然有免費巴士，但數量較少，計程車也非常昂貴，衡量之下，我們把歌劇院、雪梨大橋、岩石區、中國城、達令港……這些相距不遠的觀光景點安排在同一天，不須搭車，專用散步來認識這些雪梨經典地標。同時，我也適度帶著孩子嘗試不同的交通方式，從中央車站搭乘難得一見的「雙層電車」遊賞雪梨風光，透過船、電車、公車、步行等等方式，深刻感受城市氛圍！

大方向訂好，就跟著我們一起精打細算地漫遊雪梨去吧～

陸媽小叮嚀：

透過步行認識雪梨，雖然深刻卻也蠻累的，記得適當安排中繼休息點，達令港的兒童公園就是大人小孩都喜愛的充電站。「雙層電車」與「交通船」深受孩子喜愛，讓孩子自己試著買票卡、進站、辨認站名，也是一種很棒的學習！

▲中西合璧、充滿藝術風格的街景

　　我們第一夜入住的「龍都飯店」，位在雪梨市中心的中央車站旁，漫步旅館周邊，其實有被嚇一跳的感覺。

　　我們不是在澳洲嗎？為什麼巷弄內都是中式餐館、中式超市、中式購物中心，彷彿在亞洲旅行，怎麼回事？

　　原來這一區正是「雪梨唐人街（China Town）」，位在中央車站與達令港之間，據說是南半球最大的唐人街，有密集的華人人口，也有各式各樣亞洲美食與平價商場。從中央車站到達令港之間的唐人街區，所有店家幾乎都通中文，連擦身而過的人都用華語交談，真有種時空錯置的神奇感！

　　雪梨唐人街的街景，中華味十足，隨興卻兼顧美觀，文化衝突在建築上反映出趣味，傳統的中式牌坊、亞洲式樓房，與許多具有時代感的歐式古典建築並列存在，時尚的新大樓巧心融合東方元素，設計感十足，沒有鐵皮屋也沒有占用人行道的違章建築，比起台灣雜亂無章的市容賞心悅目許多。

　　唐人街上有很多平價的紀念品商店，印著各式各樣澳洲圖案的T恤大多一件五澳幣，也就是只要台幣一百元多一點！好便宜！美妝店的乳液、護手霜等等伴手禮也十分划算，整趟澳洲行比價下來，雪梨唐人街的價格特別有競爭力，如果有需要採購親友禮物，別忘了到此順遊！

▲雖然是冬天，雪梨的溫暖驕陽卻
讓孩子吵著想穿短袖呢！

達令港是兒童天堂

　　從唐人街區散步到達令港，大約只需要十分鐘，路上好吃又好逛，想回味一下中式食物？這附近有很多美味平價的選擇。

　　而達令港則是雪梨市中心非常重要的親子遊憩區，渡船碼頭周邊樹木蒼鬱、街景繁華，卻不失悠閒自在的氣氛，漫步在寬闊的行人專用區，可以感受到濃濃的澳洲風情。

　　雪梨水族館、澳洲國家海事博物館、電力博物館近在咫尺，正等候想進行知性之旅的家庭前來探訪。倘若吃飽喝足採購完，大人想略做休息，小孩卻仍精力充沛，怎麼辦？千萬不要錯過達令港旁親子必遊的孩子天堂"Darling Quarter Playground"，一個超大、遊樂器材超豪華的兒童公園！

　　在這公園裡，有親水池、水車、大型盪鞦韆、巨型溜滑梯、冒險公園、沙坑、各式運動遊樂器材，不用花一毛錢就可以消耗小孩兩小時的電力！設施好玩的程度很難在台灣一般免費公園找到，女兒們才走到公園邊，就歡喜尖叫著往遊樂器材衝去！父母要幹嘛呢？只需要坐在公園中央的咖啡吧，點杯飲料，在咖啡香中眺望達令港的美景，悠閒發呆就可以了。

▼真希望台灣的公園也能這麼好玩！連沙坑都很有趣喔！　　　　　　　▼好好玩的滑輪繩索，玩二十次也不膩

▲像金字塔一樣的大型攀爬架

▲巨型盪鞦韆，比一般盪鞦韆刺激很多！

　　是不是很完美？親子旅行必須要有這種好地方啊！而且很妙的是，孩子們玩沒多久，就交了朋友……這裡超多華人小孩！女兒們發現可以用中文和其他孩子聊天後非常開心，有種「嘴巴終於能用」的感動，嘰嘰呱呱的和其他小孩打成一片，玩到忘我，軟硬兼施才能把她倆從公園裡拉走。大推薦這個免費景點！

　　入夜後的達令港兒童公園，噴水池會配合五彩燈光呈現美麗的水舞效果，孩子們穿梭其中，就像小精靈一樣可愛。周邊的高級餐廳亮起點點燈火，格外迷人。白天晚上的達令港，都值得闔家探訪。

陸媽小叮嚀：

比起達令港周邊要收費的室內水族館、蠟像館，我還比較推薦這個免費的兒童公園。選擇在戶外享受晴空、在微風中揮灑汗水，更適合陽光海港城市的氛圍。

▼入夜後的達令港兒童公園一樣美不勝收

在雪梨的第二天，我們來到靜謐的貝爾明海濱。

這裡和擁擠的中央車站、達令港區完全不同！對比昨日繁忙熱鬧的市中心，很難相信兩地間僅距離短短十分鐘船程。大多數澳洲本地人不會選擇住在昂貴而嘈雜的市中心，會轉往市郊的純住宅區尋求更安靜宜居的環境。

我們用Airbnb訂下位在貝爾明海濱的澳洲民居，這裡算是當地的高級住宅區，四人雅房一晚要近五千台幣，不便宜，但當我們來到位在 "Waterview Street" 最後一棟的古老小屋，才踏實覺得走進了雪梨居民的生活之中。

房東太太有兩個孩子，本身在大學教電影，是個很有氣質的文藝家庭，房子也打理得非常有質感，Check in後她帶領我們散步周邊小徑，走來走去

▼貝爾明海濱附近高級住宅區街道

▲隨處可見美麗的屋樑與彩色鸚鵡

◀到處都是小花園，樹上
還有野生的黃萊姆

198

▲一不小心就滿腳沙啦！

▲民宿旁的金色小沙灘

都看不到任何一個華人，和前一夜在中央車站、達令港附近的住宿經驗真是天壤之別。巷弄中沒有商家，反而有小森林、沙灘，彩色鸚鵡和悠閒散步的小貓。隨便鑽進一個小巷、往海的方向去，就可以找到迷人的小沙灘。心靈的速度終於又放緩，體會慢活的悠閒感。

▲透明的海浪讓人好想跳下去玩玩水

我們在小沙灘曬著暖烘烘的太陽，戲水玩沙，還不小心被海浪打得溼答答的，再從民宿散步到碼頭，沿路每戶人家都細心修剪門口的小花園，許多手繪的門牌、造型特殊的信箱，為自家建構獨特的風格品味。街道安安靜靜卻時時可發現驚喜，有種寧靜優雅的氣氛。巷弄隨著地形起伏，沿坡而下，碼頭就位在岸邊民宅旁，感覺真的很棒。

我們搭船前往歌劇院，玩到夜深才回家。臨睡前，房東太太還坐在客廳和我們聊天，叮嚀我們冰箱裡的穀片、麵包、牛奶可盡情享用。

‧特別一提：

被澳洲人家照顧的一夜很親切、很溫馨、很難忘，不過，有些細微內心轉折，倒是可以分享給帶孩子旅行的家庭：訂房時，為了體驗文化，我選擇具有年代的老屋民宿，卻忽略了老屋的隔音問題，也忽略共用廁所的不便。對方是正常上班上學的四口之家，我們就這樣走入他們的生活之中，想像時

▲溫暖的民宿客廳

覺得很有趣，實際入住時卻有說不出的尷尬，尤其在孩子們難免奔跑喧嘩的時刻，屋主一家就睡在我們樓下的房間，我超怕吵到他們！只能一直盯緊孩子，神經緊繃到幾乎無法好好休息。孩子半夜要上廁所，還要先穿衣穿鞋、躡手躡腳起身、用氣音說悄悄話……唉，真有些麻煩。

可愛的房東太太非常親切，一再跟我們強調不會受影響，歡迎孩童入住，但我想單身訪客才能真正享受民宿的細節之美，吵鬧的家庭旅行，無法避免影響別人，或許選擇保有隱私空間的旅館比較自在！

陸媽小叮嚀：

住進別人家裡，跟住旅館不同，可以給予孩子很棒的禮儀訓練，養成隨時需要為人著想、避免影響他人、不擅自觸碰別人的物品……等等習慣，但是當孩子不小心失控時，家長真的會嚇出一身冷汗！

搭船漫遊雪梨港

從Balmain碼頭準備搭船前往歌劇院旁的環形碼頭（Circular Quay），一開始不太順利，因為到站時看到船班時間，發現要等候五十分鐘……

正覺得無奈，旁邊一個澳洲老伯建議我們坐上五分鐘後就要來到的這艘交通船。在他的解釋下，我們得知原來「一個路線的交通船就一艘」，所以這艘五分鐘後將抵達的船是剛從環形碼頭開來，會繞往周邊其它小碼頭接送乘客，繞一圈後原路返程回到環形碼頭……與其在這裡枯等，不如先上這艘船，隨著她的航線繞雪梨港道、欣賞風景。

▲碧海藍天環抱的都市，是雪梨得天獨厚的美景

「如果你們不趕時間的話，這會是很棒的經驗！」老伯說。

這個老伯簡直是我們的幸運天使了！在他的建議下，我們擁有一個意外卻美好的下午，原來十二分鐘的船程，增多成一小時，還能沿著雪梨港道欣賞整個水岸風光！

交通船有室內與室外的座位，陽光正好，當然選擇體驗乘風破浪的感覺。甲板上已坐著一對金髮碧眼的情侶，從頭到尾沒下船，應該是專門來搭船浪漫約會，好會享受生活喔！

航線途經數處小碼頭，有的是釣魚熱門區，有的是超高級住宅區，還有許多乘客專門搭船前往一個在水中央的小島上的漂亮餐廳用餐。

乘著海風，我們又貼近了澳洲一點點。

▲雖然只是搭交通船，對女兒們來說還是像搭豪華快艇一樣興奮

▲High到合不攏嘴的姊姊

▲本身就是美好風景的澳洲情侶

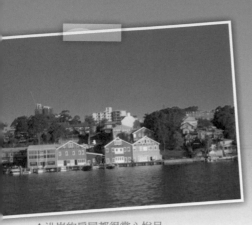
▲沿岸的房屋都很賞心悅目

　　最後，穿過雪梨大橋，駛近歌劇院，抵達環形碼頭，為渡船之行畫下完美句點。又因為只有一站的票價，孩子免票，所以一個小時的海上風光，一家人竟然花不到五塊澳幣！噢噢噢，這對我這小氣主婦來說，簡直是夢幻行程！非常推薦大家試試超划算又好玩的「乘船遊雪梨港灣」喔！

穿梭古今的雪梨經典印象

　　來到雪梨，當然不能錯過歌劇院、雪梨大橋與岩石區。

　　這幾個重要景點都在環形碼頭旁，步行往雄偉的白色貝殼造型歌劇院、百年歷史建築的岩石區，都只需要幾分鐘。回頭一望，雪梨大橋坐落兩景區中央，沉穩地連接起城市脈動，碧海藍天的都市風貌令人讚嘆，可以花一整天在這區徒步漫遊探訪。如果精神體力許可，還可以穿過歌劇院，走訪旁邊的皇家植物園、美術館……這個城市充滿值得停駐的知性空間。

　　逛累了，歌劇院周邊有數十間可以眺望海港的浪漫餐廳，每間的海鮮與美酒都令人心動。如果想在古典懷舊的歷史建築內用餐，走進岩石區的石板巷弄，會遇上許多氣氛迷人的老餐館。

▲雄偉的雪梨大橋

▲岩石區的大部分建築物仍保留古老的風貌

▲走過藏在建築物底下的巷弄，彷彿穿越時光隧道

　　我們一家人都非常喜歡The Rocks——岩石區，這具有歷史意義的岩石海角，傳說是澳洲原住民的發源地，亦是第一艦隊在 1788 年登陸的地方，後來更成為英國人在澳洲的首個殖民地。腳踏古老的青石板巷、觸摸褪色的百年建築，眼前似乎浮現無數過往的故事……

　　雪梨印象，以旅行的角度來說，很陽光、很知名、很活潑，雪梨港的風情開闊壯麗，令人印象深刻。除卻昂貴的旅遊景點，如果願意花點心思、花點腳程，鑽進巷弄多走多看，反而能在高消費的雪梨以很低的預算體驗當地人眼中真實的風景。

　　以人文的角度來說，雪梨市中心的族群明顯比其他澳洲城市多元而複雜，也或許因文化差異的關係，人與人間卻多了點界限，迎面而來的人們少了笑容，眼神略有戒備，但若鼓起勇氣向對方點個頭，對方仍會揚起嘴角報以一抹的微笑。這微笑對我來說很重要，因為那溫暖、親切、帶著歡迎之意的笑容，就是澳洲最迷人的風景。

◀夜晚的雪梨歌劇院，像閃閃發亮的大貝殼。

新南威爾斯
New South Wales

雪梨 Sydney

Day 1. 160 km

Coolangatta Estate

Day 2. 574 km

維多利亞
Victoria

Day 3. 371 km

Orbost

墨爾本 Melbourne

the adventure begins!

南環冒險：
橫越一千公里的東海岸自駕之旅

Day 1：沿著海岸，一路向南

　　來到澳洲超過第十天，開始有融入的感覺，逐漸熟悉右駕的方向感，習慣乾燥冰涼的空氣與超級湛藍的天空，但很遺憾的，旅程也將進入尾聲。

旅行結束前難免感傷，為了讓這段旅行多點意料之外的回憶，刻意安排一段無法預期的「壯遊」。沒有詳細的旅行時間表，只知道要走哪條公路以及每晚居住的地點，沿途會遇到哪些人、事、物，都將是驚喜。

　　倒數計時的此刻，就讓我們挑戰橫越一千公里的公路自駕行吧！

　　聽到我們要這麼做，父母與朋友大多露出擔憂的表情，畢竟澳洲長程公路還是具有一定程度的危險性，但也有朋友欣羨不已，因為連澳洲人都很少這樣玩！我們定居在新加坡的老同學Shawn聽到我們的行程，二話不說就訂了機票從星國飛來，實乃拖油瓶！不過看在他幫我們租到超便宜的車（這次是雪梨租、墨爾本還，異地還車通常很貴），善良的小陸家還是張開雙臂歡迎他！

　　自駕之旅的第一天，中午才從雪梨出發，擔心時間不夠，僅打算輕鬆走，計畫從雪梨往南160公里。

　　坐上新租來的車，去雪梨魚市場外帶了滿滿一大籃的海鮮料理，穿過皇家國家公園（Royal National Park），走景色優美的藍色海洋路（Grand Pacific Drive），計畫經過斯坦威爾峰（Stanwell Tops）的懸崖頂上，眺望非凡海岸景緻，駛過壯觀的海崖大橋（Sea Cliff Bridge），進入美麗的城市臥龍崗（Wollongong），探訪有名的「噴水洞（Blowhole）」後再往南行，途經懸崖小鎮哥潤崗（Gerringong），俯瞰七哩海灘（Seven Mile Beach）……五人冒險正式展開！

‧新鮮美味的雪梨魚市場

　　赫赫有名的雪梨魚市場，是觀光客必去的地方，但名氣太大，不免擔心是否會有名無實、貴又不好吃？為了保險起見，我們詢問定居雪梨的廚師學弟，他對此地給予正面評價，我們才下定決心在離開雪梨前一定要前往探訪！

▲非常乾淨、沒有異味的雪梨魚市場

　　此行至今已經逛過好多個市場，雪梨魚市場專精於海產，和其他市場相比規模較小，但有齊全的海鮮攤位，一般食材、生活雜貨數量較少。雖說如此，還是找的到麵包、乳酪、葡萄酒、蔬菜水果……這類攤位，要滿足基本的午餐需求，綽綽有餘。

　　來到魚市場，海鮮料理當然是重頭戲！

　　我逛了一圈，生蠔、龍蝦……等等高級食材，價格不便宜，摸摸口袋、腦內計算一下，覺得不太划算，倒是熟食攤位的豐富性與價格頗令人驚艷！一道主菜（海鮮）加上一種主食（米飯或薯條）只要十到二十元澳幣！

　　最基本的炸魚薯條，一大片新鮮無刺白肉魚加上滿滿的薯條大約十二澳，一尾完整的清蒸比目魚加香米飯，才十七元澳幣；大隻海鱸魚、大塊烤鮭魚，都不超過澳幣二十元，折合台幣計算，比許多台灣餐廳還便宜！份量十足，點一份甚至可以供兩人食用。

　　現烤的大蝦、花枝、干貝串燒，一串大約三到五澳幣，配色繽紛，看起來像食譜圖片一樣美味。我們當下就決定多買一些不同的熟食料理，帶上車野餐去！雪梨魚市場，值得一遊！

陸媽小叮嚀：

雪梨魚市場的營業時間：07:00~16:00 假日無休。
魚市場外的露天座位環境其實很普通，如果不嫌麻煩，建議外帶美味料理後尋找一個舒適的公園或海灘野餐，絕對是很棒的回憶！

▲多樣化的海鮮套餐　　▲兼顧配色與美味的海鮮串燒

‧和貪吃鳥的海灘約會

大夥兒帶著郊遊的心情快樂往南，但，車廂內鮮魚料理香氣實在令人飢腸轆轆，才開沒半小時，我們就決定隨意選擇任何一個「海灘」指標，到海邊野餐。

能在沙灘上曬著冬日暖陽、享受海鮮美味，簡直像做夢一樣美好！順著指標離開公路，來到一個潔白、幾乎沒有觀光客的美麗海域：Ramsgate Beach。

這裡有完整的盥洗設備、飲水設施、也有海岸咖啡吧，八月下旬冬末春初的陽光、微風，舒服的不得了。我們選擇一塊如茵草地坐下，攤開野餐巾，準備享受美味大餐。才把餐具分好，還沒開始吃⋯⋯

「貪吃鳥來了！」女兒大喊。

沒錯，約莫二十幾隻的海鳥群聞香而來，站在草地上對我們露出祈求的眼神！女兒隨手把薯條拋給牠們，沒想到⋯⋯海鳥大軍狼吞虎嚥後開始向我們步步進逼！全部勇敢站上野餐墊！

是否太不怕人啊你們！？

害得我只好扮演壞人，不時必須趕開貪吃鳥，大夥兒的悠閒野餐忽然變得有點緊張，必須左顧右盼觀察敵情，免得鳥群過於激動直接叼走餐盤裡的食物。

被鳥群虎視眈眈、驚慌用餐的場景，想起來真是好笑極了！

▲Ramsgate Beach的沙灘超級細白美麗，在這裡野餐好夢幻

▲毫不客氣直接飛上餐盒的鳥中強盜！

▲澳洲的海鷗為了吃什麼都不怕！

　　吃飽喝足，女兒們先是衝向沙灘堆起沙堡，然後又禁不起誘惑奔入海中，玩得全身溼答答，對她們來說，這個可以玩鳥、玩沙、玩水的野餐，比什麼米其林星級餐廳都棒！而我呢，則默默在岸邊啃魚骨，享受擁有一群「鳥粉絲」的虛榮感。

　　真是個難忘且療癒的海灘時光……

▲在海邊樂不思蜀的小姊妹

▲海天交際的美景彷彿像走入畫中

·住進兩百年歷史的莊園裡

第一天南環的行程好輕鬆，近五點，太陽還沒下山，我們已經抵達晚上的住宿地點。今晚將要入住「澳洲國寶級酒莊」——「庫蘭哥塔城堡莊園（Coolangatta Estate）」！

這座古莊園可以溯源自十八世紀，歷史記載由囚犯修建而成，典雅的建築結構是貨真價實的古蹟，住進這裡彷彿置身澳洲開拓史中。後來被酒莊主人收購，在這個特殊的地塊種植葡萄、釀出風味特殊的酒款，兼營渡假旅館。結合舊時代的外觀、現代化設施，還有珍釀美酒與頂級餐廳，是不是很令人嚮往？

抵達莊園的此刻，傍晚的天空被染成鮮豔的橙紅，女兒們開心地和當地澳洲孩子玩起巨大西洋棋，大人則到櫃檯辦理入住，順便品飲莊主的手藝。

▼庫蘭哥塔酒莊的入口招牌就是一幅裝置藝術

▼品酒室裡擺滿了各大葡萄酒競賽的獎盃

▲女兒人生的第一次西洋棋。　　　　　　　　　▲品酒的空間前面有適合孩子玩耍的小花園

　　我們的房間是位在森林裡的夢幻農舍，就像童話的小木屋一般，打開房門，就走入故事裡。年代悠久的三角屋頂、圓柱橫樑、松木地板，木窗櫺下的高腳床……都似乎讓時光倒退回數十年前，連女兒們都被古老溫潤的房屋質感給震懾，不敢在裡面任意蹦跳，窩到角落的火爐邊自顧自演起灰姑娘的戲碼。（這獨棟六人房才180澳幣，比台灣許多飯店還便宜！）

　　晚餐時分，散步到旁邊一棟古老的磚砌餐廳裡享受溫暖的酒莊料理，也許是因為在遠離市區的鄉下的關係？價格比想像中便宜，肝醬起司麵包盤、鄉村濃湯、溫蘆筍蘑菇沙拉、生蠔、牛排馬鈴薯、甜點與美酒，都非常美味。

▼迷人的住宿區，六人房空間廣闊

▲女兒們各自有一張單人床　　　　　　　▲優雅的酒莊晚餐

　　除了我們之外，還有另外兩對上了年紀的老夫妻，安安靜靜地吃著晚餐，對飲葡萄酒。火爐嗶嗶啵啵發出木材燃燒的聲音，有某種安定心靈的力量。火光映照在古老的木桌、紅牆上，數百年時光似乎被鎖在這個奇異的空間裡，分不清今夕是何夕。

　　寒夜，屋內暖烘烘地。

　　孩子們心情很好，在餐廳已經寫了不少小日記，回房又主動拿出來，為今天的感動心情配上可愛的插圖。我卻捨不得進房，坐在屋外，讓澳洲的

◀本地產的蘆筍佐烤乳酪

▲據說是早上採的岩牡蠣，一打約
　二十澳幣（一顆NT.40左右）

◀樸實無華卻美味的烤牛排馬鈴薯

風拂過我的臉，感受這一夜。獨酌此地出產的美酒，感受獨特的風土：海洋氣候與Shoalhaven海岸地質造就的酸度與單寧，伴著澳洲鄉村鮮純的空氣味道，遙想那曾經是囚犯流放的荒蕪大地，現在已成為富裕安樂的人間天堂。

▲靜靜燃燒的古董壁爐，為旅人帶來溫暖的安全感

數百年前胼手胝足開墾此地的老靈魂，是否還躲在莊園的一隅窺視著我？也許我們身處不同次元，卻在同一個空間？

如果真是這樣，那容我向祢們敬上一杯，致上景仰與感謝。雖然只有擦身而過的緣分，但謝謝祢們為旅人、為世界建構的這一切。

明天，新的旅程、新的經驗又將來臨。

▲主動把握時間寫小日記的乖巧小姊妹　　▲在古蹟裡跟古老的物件拍照，別有一番思古幽情。

陸媽小叮嚀：

酒莊行程看似是大人的喜好，但其實可以在其中找到很多學習的契機，當我們漫步古老莊園，對孩子講述澳洲與囚犯的歷史淵源時，孩子那充滿興趣的雙眼，是坐在教室裡看不到的。多和孩子分享旅途中遇到的教材，就是旅行的真義。

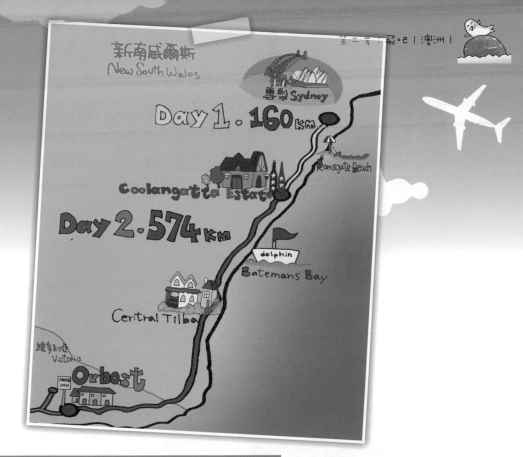

Day2：最辛苦的一天－長征580公里路

　　第二天起個大早，準備展開公路旅行，臨走前向酒莊莊主辭行，主人對於我們的旅行計畫很是驚艷，也立刻提供了自己的私房景點，一個可以和海豚共游的海灣 "Huskisson" ，離這裡大約半小時車程，據說非常美麗。

　　「去不去？」我問。
　　「為什麼不？」車裡的乘客們歡欣回答。
　　至今為止，大家對於公路旅行非常的滿意。
　　「好！往有海豚的海灘出發！」

　　大夥兒在車裡邊唱歌邊吃零食邊開往未知的海灘，完全是一種歡樂郊遊的氣氛，半小時後抵達的霍金森小鎮，觀光業發達，到處都是與海豚共游的資訊，可惜必須搭乘遊艇出海才能觀賞，船程至少需要一個多小時，我們沒有足夠的時間，預算也很緊繃……怎麼辦？

▲來不及與海豚共游，只好海濱公園一遊

▲背後的小橋擠滿了等待漁人歸來的大嘴鵜鶘！

▲Huskisson是知名的賞海豚景點。

好在岸邊有個沙灘公園，比起搭船，女兒對遊樂器材有興趣多了！在盪鞦韆、攀爬架上笑得開懷，小氣母親省下數百澳幣的船資，得意竊笑。不過大老遠繞路來霍金森海灘，卻只是在公園裡玩了一陣，我心裡隱約覺得不安，催促大夥兒快快上路。

為什麼要不安？

因為今天可是公路旅行最辛苦的一天，要長征「五百八十公里路」呀！

再度上路，這次可不敢走走停停，連風景都來不及欣賞，雙眼緊盯著路況，依最高限速奮力往前奔馳。

中午時來到另一個知名海岸小鎮：貝特曼海灣（Batemans Bay）。還在猶豫是否要停，前方不遠的美景就吸引住女兒們的視線：

「大嘴鳥！大嘴鳥！有大嘴鳥！」女兒們狂吼著。

原來不是看到無敵海景，而是看到大嘴鵜鶘！野生的大嘴鵜鶘好大好可愛喔！我們當然無法抗拒誘惑，再度下車，衝到鵜鶘前……可惜鵜鶘位在岸

邊限船員通行的小碼頭內，遊客不可靠近。女兒們興奮地趴在欄杆上看著這些幾乎和她們一樣高的大鳥，我心想：「一時半刻又走不了了……面海的岸邊有一整排美麗的小餐館，不如……就邊看鳥邊吃午餐吧！」

▲看著海景用餐，真的好像度假喔！

點了培根三明治、沙拉、漢堡、熱濃湯配麵包，在餐館的戶外座位用餐，悠閒啜飲從庫蘭哥塔莊園買到的氣泡淡甜酒，眺望美景，順手再查看一下Google Map……

什麼！大事不妙了！今天已經過了一半，我們卻只開了一百四十公里！這代表我們接下來的下午時間要趕四百多公里的路呀！

陸媽小叮嚀：

對於我們途經的景點有興趣，可直接以「Google Map」搜尋，鍵入地名，都可以找的到，大多數地方還會附有旅館或景點的官網連結呢！

「走了走了！來不及了！」我慌忙的催促大家上路，但開了一小時、近百公里路後，大夥兒又被一個美麗的鄉村小鎮吸引……

・遇見美麗的提爾巴

被山丘包圍的提爾巴小鎮（Tilba）擁有驚人的風景，是淘金時代留下的金礦古鎮，典雅精緻的木造聚落見證曾有的繁華，也被澳洲列入全國信託保護名錄裡，現在成為富有觀光價值的渡假勝地。

小小的街區上有許多特色商店和畫廊，從古董、傳統工藝品到當代藝術、珠寶，鑽進每家小店都可以發現驚喜，走到街區的盡頭，就是當地最富盛名的乳酪工廠！我們免不了當起稱職的觀光客，購物袋裡裝滿各式手工起司、蜂蜜奶油、檸檬奶油，女兒們還一人一隻大冰淇淋，滿載而歸！

▲曬著地毯的彩色民宅　　　　　　　▲家家戶戶的門口都有可愛的花園

傍晚的小鎮沐浴在金色的陽光裡，美不勝收，大夥兒在街道上自以為是模特兒，大拍特拍。

沒錯！我們又忘記時間啦！還好這裡的店家都四點關門，當店家拉下鐵門時我們猛然驚醒……天啊！幾點了？還有多遠？

打開導航，看到距離今晚的住宿點「奧伯斯特（Orbost）鎮鄉村汽車旅館」竟然還有三百公里時，只有三個字浮上眼前：「完蛋了！」

一上車，連風景也不敢看了，一路狂飆，我們最怕的事快要發生了……

▲看到路牌上寫的距離，背脊一陣發冷

想起很多朋友一再的叮嚀：「盡量不要在傍晚開車」、「盡量少開森林路」、「最好不要開夜車」……但我們現在即將在日落時分穿越最危險的新南威爾斯洲與維多利亞洲邊界，穿越層層疊疊的山丘，保證一定會開到夜車。

愈想愈怕，還是必須硬著頭皮開。車裡陷入一種緊張的氣氛，孩子們乖乖睡了，三個大人戰戰競競地聊天、提振彼此的精神。途中許

▲每間小店都很有特色

▲販賣各式毛皮的皮草專賣店

多海岸、沙灘、國家公園的指標再也無法吸引我們的注意，只希望可以在日落前多趕一點路。路況開始變差，原本平坦的柏油道路開始出現碎石與砂土，身邊的景色愈趨單調，沒有民房、車輛，只剩層層疊疊的山丘與森林……

陸媽小叮嚀：

隨興走走停停的行程真的很有趣，可以遇見好多一輩子可能無緣再相遇的小鎮風光，只是，帶著孩子還是建議將行程安排鬆散一點，像我們一天要開這麼遠的路，實在不太對！建議親子旅行，寧可多玩幾天，也不要像趕車一樣，造成旅途的壓力。

‧穿越死亡公路的驚險夜晚

「那個土色的東西是什麼？」我看到路邊有一個大大的土褐色物體。隨著車子漸漸接近，那個物體的輪廓慢慢清晰………

「袋鼠！！」我、老公、友人S一起驚聲尖叫！

「而且是死的！」友人S不客氣的補充。

死的！？………我情不自禁深呼吸。終於遇上傳說中的公路殺手「過馬路袋鼠」了！希望接下來別再看到了。

▲路倒袋鼠示意圖（但其實這張本尊是動物園裡悠閒午睡的袋鼠啦！）

▲小心動物的指標，除了袋鼠、袋熊還有梅花鹿和野馬！

這個念頭還沒想完，對面車道旁又有一坨龐然大物。

「那裡又有一隻袋鼠！」老公大喊。

說時遲那時快，我的右前方出現一隻四腳朝天、僵硬的黑色大型動物。我忍不住尖叫起來！

「天啊那是什麼？好大！是山豬嗎？還是熊？」我忍不住回頭窺視，昏暗的天色中看不清楚動物的長相，但是肥圓身體、四腳朝天、四隻小短腿直指向天的死法實在頗戲劇性。

「你看那個路牌！」友人S指著路上「小心動物」的指標，上面畫著像豬又像熊，肥肥短短的動物圖案。

「那好像是袋熊！」我想起在阿德萊德的動物園裡看到的袋熊，袋熊的長相矮肥圓滾、傻得可愛，也是深受我喜歡的動物！

「沒錯！就是袋熊！」老公與S一致同意。

「天啊，路上有袋熊，怎麼辦？我愛袋熊，我千萬不能撞到袋熊啊！！」我一邊緊張呼喊，一邊注意路況，路倒的動物愈來愈多，幾乎每隔幾分鐘就會看到，除了袋鼠、袋熊，還有各種鳥類跟不知名的小動物……真的是超級可怕！

我壓抑自己的驚恐，不只為那些動物難過，也不只擔憂撞上動物的可能，最擔心的是……太陽就要下山了！這些動物的活躍期全都在夜晚，還有兩百公里路程的我們，此行兇險實難預料。

傍晚六點，最後一絲橘紅的夕陽終於沉入地平線，天空呈現灰暗詭異的深紫顏色。看看地圖，我們正位在兩州交界點上，距離目的地還有一百八十

公里。孩子們也睡飽了，聽聞我們剛剛看到許多路倒動物的經驗，兩個小女孩跟大人一樣緊張地盯著窗外。

盡量別在澳洲鄉間的公路開夜車，不是沒有原因的。地廣人稀的澳洲郊區，完、全、沒、有、路、燈！入夜後唯一的照明就是我們的車燈，開了將近一小時，沒有遇上任何其他車輛，漆黑蜿蜒的山路十分詭異，還好咱們車上坐滿了人，還有兩個吱吱喳喳的小孩不停吵鬧，沖淡了不祥的氣氛。

▲跨過新南威爾斯州進入維多利亞邊境的夜路真的很驚險！

「好圓好大的大月亮喔！」莉塔姊姊忽然驚喜開口。

我順著她指的方向看向側邊的天空……嘩！全車都驚喜的歡呼！一枚渾圓巨大的黃色月亮，果真就隱藏在層層疊疊的樹梢裡。

「看吧！我就跟妳說，外國的月亮特別大！」常出國的Shawn這麼說。

看著這輪明月，真的不得不承認，外國的月亮好像真的比台灣的月亮圓欸！

有月亮相伴，稍微沒那麼孤單，明亮的月光照亮山路，似乎也掃走陰森森的氣氛。

說時遲那時快，一隻袋鼠跳過眼前！

「啊～～～」全車放聲尖叫，正負責開車的老公緊急煞車！

車就這樣停在路中間，因為緊急刹車，後座東倒西歪成一團，而袋鼠完全沒感受到車內的驚恐，連回頭看我們一眼也沒有，逕自蹬蹬蹬地跳過馬路、跳進樹林裡去了。我們果然遇上袋鼠！而且差點撞到牠！

驚魂未定的我與老公對視一眼……呼，還好，福大命大，也許是皎潔月光救了我們，讓我們早一秒看到牠的身影，早一秒刹車，感謝上帝！我們平安無事！

全車的人傻楞楞的在路中間發抖，還好空蕩蕩的道路後方沒有任何來車，才沒有發生追撞意外，還好、還好，能活著就好。

老公戰戰兢兢的繼續踩下油門，導航顯示離目的地還有一百多公里。女兒們也睡不著了，睜大眼睛陪我們盯著灰色的路面，那黑夜中靜靜停駐的森林，躲藏在樹幹背後窺視我們的動物，那孤單卻溫柔的月亮，那不被月光掩蓋的滿天星斗……
世界安靜到似乎只剩下我們。

不曉得又開了多久，終於，看見前方有隱約的燈火。道路兩側不再是茂密的森林，回到一望無際的大草原。謝天謝地，終於離開了最危險的山區！

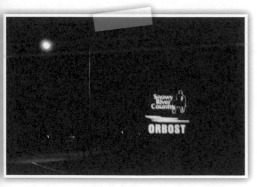
▲長途公路的第二夜，下榻公路旁的鄉村汽車旅館

・苦盡甘來的公路旅館深夜BBQ

經歷了一連串的驚嚇，一放鬆，尿意都來了，好不容易來到了一個商業機能還不錯的小鎮坎瑞佛（Cann River），有餐廳、超市、各種店鋪，大夥兒忙著下車上廁所，我看看時間……已經快八點了。不行！沒有時間停下來吃晚餐，還是要繼續趕路！

女兒們哭喪臉，開始胡鬧，只好一人買一公升鮮奶先堵住她們的嘴再說！買鮮奶的超市隔壁是肉品專賣店，賣的是當地產的新鮮肉類，飢腸轆轆的老公與友人S紛紛大嘆想吃牛排，我靈機一動，印象中旅館有戶外BBQ的設備！老公立刻致電詢問，果然旅館提供專業瓦斯烤爐給房客使用，這好消息無疑為又餓又累的我們打了一劑強心針，大夥兒開始狂買牛排、羊排，又到隔壁的農夫超市採購了櫛瓜、蘑菇、蔬菜與莓果，帶著一車食物繼續趕路，終於在晚上九點前抵達了今晚要下榻的奧伯斯特公路旅館。

▲專業的戶外瓦斯爐，讓長途跋涉的旅客可以料理一頓溫熱晚餐，就以滿滿的肉與蔬菜，做為今晚的happy ending

　　櫃檯親切的澳洲大叔聽說我們剛開了近六百公里路程而來，瞪大眼睛，露出不可置信的表情，詢問我們是走靠海的公路，還是靠山的公路？我們指地圖給他看，他放心地嘆口氣說我們很幸運，這條公路較為靠海、比較安全，如果我們選擇另一條更內陸的公路……

　　「不只是袋鼠、袋熊，還有超多梅花鹿與野生動物，梅花鹿比袋鼠更危險！幾乎沒有人晚上開這條路可以安全回家！」看著他嚴肅的表情，我們不禁面面相覷。

　　「歡迎你們安全到來，是你們預定BBQ烤肉區，對不對？請盡情使用，享受今晚吧！」澳洲大叔咧嘴一笑，隨即遞上齊全的餐具給我們。

　　荒涼公路上的鄉村旅館，我們依舊感受到滿滿的人情味。位在戶外的BBQ烤爐非常專業，老公與友人S立刻攬下大廚的職務，熊熊火焰趕跑了凜冽的寒風，帶來一陣陣迷人的烤肉香。

　　我則負責整理房間、料理蔬果與小孩，價格大約三千五百台幣的六人家庭套房有兩張大床、兩張上下舖，還有溫馨的餐桌，看起來就是個舒適的小窩。等孩子們都洗完澡、餐點布置完成，正式開飯已經是晚上十點。

▲敬親情、敬友情、敬我和老公！乾杯！

拿出今天在提爾巴鎮乳酪工廠
買的起司與麵包、昨日在庫蘭哥塔
莊園買到的葡萄酒，搭配坎瑞佛鎮
當地產的肉排與蔬果，雖然很累，卻有種苦盡甘來的奇異幸福感。

▲廉價的公路旅館，對我們來說卻比五星級飯店更奢華

　　飢腸轆轆下的美味當然無須多做形容，比美食更為美好的，是我們終於安全穿越洲際公路，健健康康地坐在這裡享受人生！

　　感謝上蒼！辛苦的一天終於結束。驚險難忘的南環冒險Day2，成功！

陸媽小叮嚀：

今日整天勞累奔波，女兒們雖然又餓又累，卻沒有抱怨，我相信她們已經可以體會「同甘共苦」與「苦盡甘來」的感覺。面對生活困境也是如此，學習克服、接受、忍耐，最後終會獲得圓滿的結局。
順帶補充：公路旅館其實很不錯！價格便宜、機能齊全，為方便趕路的客人投宿，大多營業到半夜，也為了旅客炊煮方便，多設有戶外BBQ設備，也設有洗衣房，訂房前可從官網確認旅館的設備。

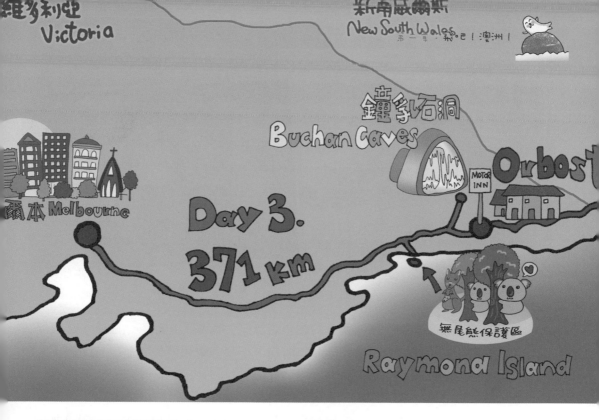

Day3：一路長征，就為一探神祕的鐘乳石洞

　　為什麼昨日的旅程要趕那麼遠的路，入住遙遠的奧伯斯特鄉村旅館？原因就是為了今日的壓軸行程—澳洲國家級景區：鐘乳石國家公園Buchan Caves！

　　會發現這個特別的地方，緣起在某個旅館網站看到鐘乳石的圖片。點入國家公園網站連結後，覺得一定要帶女兒來探訪！「鐘乳石洞」這種需要億萬年歲月累積、珍貴且富有教育意義的景點，可遇不可求，此地地處偏遠山區，澳洲人都少有機會前往，我們剛巧路過，怎可不把握機會順遊？相信大人小孩都會收穫滿滿！

　　今天行程，距離晚上下榻的墨爾本旅館剩不到四百公里，還算輕鬆，應該可以略為放慢腳步感受

▲澳洲國家級景區：鐘乳石國家公園 Buchan Caves

▲一路都靠超好用的Google Map導
　航，暢行無阻

▲專業又親切的導覽大叔！

公路的風景。在奧伯斯特鎮上的麵包店買了牛肉派、甜甜圈與咖啡，又展開邊吃邊玩的歡樂旅行，穿越溪流與群峰，山景蓊鬱青翠、賞心悅目，四十分鐘後抵達Buchan Caves鐘乳石風景區。

　　十九世紀英國軍隊在此地發現這神祕洞穴，原為戰略使用，後開發為觀光區。洞穴外的山林風景宜人，有很多澳洲家庭都會來此露營、野餐，共有兩個保存良好的鐘乳石洞穴（Royal Cave與Fairy Cave）可參觀，總長度有數公里。

　　在導覽大叔帶領下，我們走入漆黑的洞穴，年紀還小的妹妹有些害怕，導覽大叔也故意營造神祕的氣氛不開燈，大夥兒亦步亦趨緊跟著，深怕跌倒、撞壞國家寶藏，直到最後一絲陽光也照不進來的步道深處，大叔才終於按下電燈開關！

▼鐘乳石洞裡如同地心幻境　　　　　　　▼在歷經歲月淬鍊的鐘乳石洞裡，人類如此渺小

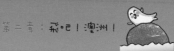

嘩～光線亮起的一瞬間如同來到地下宮殿般炫目而美麗！原來鐘乳石洞內部設置了精巧的小燈，燈光投射在如寶石的石英柱上，煥發閃閃亮亮的七彩光芒，好夢幻好美！

繼續往內走，許多狹小岩縫只容許一人側身通過，但穿過窄縫，總是柳暗花明，晶瑩剔透如仙境般的石筍、石柱洞窟，只能讓旅客不停驚嘆大自然的鬼斧神工！

▲野生袋鼠不可以任意撫摸，可能會被袋鼠當成拳擊沙包喔！

大約經過一小時的導覽，我們意猶未盡地走出洞窟，跟導覽大叔道謝，順便請教他附近是否有野生袋鼠？大叔笑了，隨手指了附近的山坡說：「這裡、那裡，全都有袋鼠，還怕你們看到不想看呢！」我們隨他手指的方向看去，真的！旁邊的小坡上有一整群野生袋鼠呀！數量至少有幾十隻，或坐或臥或蹦跳或抓癢，好可愛喔！

▲我們背後的山坡都是袋鼠！

大叔見我們開心的歡呼，大概覺得我們是群沒看過袋鼠的鄉巴佬，呵呵笑了起來，又告訴我們一個私房景點：

▼大自然的鬼斧神工

▼凝聚千萬年的晶瑩剔透

「你們該去雷蒙島（Raymond Island）！雷蒙島距離這裡大約一個多小時，要搭船過去，島上全都是無尾熊！」

什麼！？這個消息太驚人了！野生無尾熊，怎麼可以不去？

「不過要搭船，會不會很遠？我們晚上要回墨爾本。」我擔憂的問。

大叔又是一陣爽朗大笑：「剛剛好是往墨爾本的方向喔！那船很特別，只要搭五分鐘，而且整台車都可以開上去！」

我們聽了十分狐疑，整台車都可以開上去的船？只要搭五分鐘？

「無尾熊真的很多嗎？」女兒問。這是個非常好的問題！

「很多，每一棵樹上都有喔！」大叔親切地摸摸女兒們的頭，大家聞言都歡呼起來！

事不宜遲，超隨興的我們決定立刻啟程追無尾熊去！

陸媽小叮嚀：

今天的大自然教室，不只孩子們嘖嘖稱奇，媽咪我也獲益良多！親子之旅一定要安排這種知性行程，讓大人小孩一起學習、一起成長！

另外，參觀鐘乳石的家庭票價：單洞穴約60澳幣，雙洞穴約90澳幣，參訪時間、正確票價請直接搜尋Buchan Caves官網查詢。

‧ 幸運發現秘密景點：無尾熊島

無尾熊天堂——雷蒙島（Raymond Island）距離鐘乳石國家公園約一百公里，順著導航行駛，路況很順暢，在當地人的指引下來到了一條寬闊的河邊，有幾台車像是在等候停車場般排著隊。

「你確定搭渡輪的地方是這裡？」老公狐疑的問。
「你確定我們的車可以開到船上？」女兒加碼詢問。

欸，我怎麼會知道，我也是第一次來好嗎！？

▲往返雷蒙島的 "Ferry" 大平台

此時，忽然有一個大大的大平台從對岸往我們緩慢移動，上面還載滿了汽車。所謂的對岸，距離我們絕對不到一百公尺！沒兩分鐘平板船就抵達眼前。船上的汽車依序開下船，然後我們前方排隊的車輛紛紛往船上開……

「我們要搭的渡輪……該不會就是這個……大平台吧？」我老公狐疑的問。

友人S確認一下碼頭的指標：「是往雷蒙島沒錯！」

哈哈哈……這艘船的航行路線真的是我見過最短的啊！全車的人大笑不已，覺得這「渡輪」完全是一種「過馬路」的概念！此時，船上的工作人員以一種「你們到底要不要上船」的眼神瞪著我們，我們趕緊跟著前車的屁股，完成「開車搭船過河」初體驗。票價好像是來回六元吧？以一車五人來說，實在便宜！（雖然來回只搭了兩分鐘！）

「這麼近，為什麼不做個橋就好了？」我覺得有些荒謬。
「也許是怕無尾熊跑出來？」老公猜測。

▲「小心無尾熊」的指標真讓人興奮！

很有道理喔！如果搭船，較好控制進出的物種……這個話題還沒聊完，我們便以時速三十公尺的速度在三分鐘後抵達了對岸。

碼頭工作人員見我們是生面孔，遞給我們一張導覽地圖。

「這區、這區和這區的樹上都有無尾熊喔！」完全不用問就猜到我們是來看無尾熊的！
「只要沿著尤加利樹林裡開就可以了。」工作人員熱情的介紹。

我們沿著他說的方向開去，哇！前方是一整片尤加利森林耶！興奮的情緒滿溢在我們的車中！是否真的每棵樹上都有無尾熊呢？

小心翼翼地往林道走，五雙眼睛睜的大大地，搜尋樹上是否有無尾熊的身影？一棵、兩棵、十棵、二十棵……數十棵樹過去了，一、隻、無、尾、熊、也、沒、有！

「什麼嘛！根本沒有無尾熊啊！」我開始不滿的叨唸。
好不容易，小女兒看到遠遠的樹梢上有個灰灰圓圓的東西，趕忙靠近一點察看，果然，有隻沉睡的無尾熊掛在樹梢上！大家連忙興奮下車拍照，不過距離頗遠，只拍到灰灰的圓屁屁。

▼坐在樹幹上思考人生道理的無尾熊先生

▲找一找無尾熊在哪裡？

▲這隻熊寶寶膽子大，坐好低，不怕人

　　接下來陸續找到近十隻無尾熊，大多抱樹沉睡，只有一兩隻有明星風範，轉過頭來讓我們拍照，黑亮亮的眼睛、圓圓的鼻頭好可愛噢！忍不住想吐槽Buchan Caves的導覽大叔，沒有「每棵樹都有無尾熊」啦！不過，能在自然森林裡遇見無尾熊真的很棒！今天是Lucky day！

　　雷蒙島有豐富的尤加利樹，又沒有天敵、四面環海，得天獨厚的地理環境讓這裡成為無尾熊的天堂。觀光客不多，好像只有我們一車進來尋覓無尾熊，其他往來的車輛都是本地人居多，希望無尾熊可以在這不被打擾的舒適環境裡快樂繁衍、生活。

陸媽小叮嚀：

旅行中最棒的就是不斷遇到驚喜！真沒想到能見到野生無尾熊，也是第一次認識尤加利樹的長相。藉著今天的巧遇，告訴女兒，其實生命中有很多難得的緣分，不要侷限自己，要打開心胸、勇於嘗試，才可以發掘更多世界的奧妙！

雷蒙島官網：http://www.raymondisland.net/

· 那年夏天，寧靜的海

　　看完無尾熊，我們打算環島，小小的雷蒙島開車環一圈約莫半小時，沿著樹林小徑往下開，很多野生袋鼠不時從眼前跳過，甚至還會跟著我們的車跑，十分有趣。

　　樹林深處，隱約看到沙灘，藍色的海域在樹影間若隱若現，神祕而美麗。

　　「要不要去海邊走走？」我提議。

　　女兒們當然無條件附議：「我要游泳！」「我要玩沙！」興奮的吼個不停。

　　我們停下車，鑽過林道，終於與這一片極其寧靜的海灣相遇。

　　也許是被島包圍的內海？非常奇異的平靜，完全無風、無浪、無人。一望無際、波瀾不興，灰色的海面與灰色的天融為一體。

　　被漫無邊際的海天包圍，那浩瀚的力量強大到難以言喻，很遼闊，卻很寂寞。

　　「世界無比巨大，而我們渺小如沙。」心底的觸動讓我難以言語。大家各自安靜地在沙灘上行走，語言在這裡有點多餘，連孩子都靜靜低頭撥弄細軟的沙丘。

　▲這片海，蘊藏著值得深思的哲學意象

▲雷蒙島秘境沙灘

▲美麗寧靜的海面。

　　在這平靜的氛圍裡，我感受到離別的時刻即將來臨。是不是美麗的澳洲在跟我們說再見？

　　抑或這廣闊的海天試圖傳遞給我們什麼訊息？

　　遠眺著如鏡的海面，不禁感觸，是呀！波瀾洶湧的壯闊是一時，再高的浪落入海面都有化為止水的一刻。

　　潮起潮落、悲歡離合，終將歸於平靜。

　　哲思翻騰中，老公走到身邊，環住我的肩，低聲說：「老婆，妳辛苦了。」

　　我看著他，看著女兒，看著遠方的好友……

　　「不，一點也不辛苦，很幸福。」能擁有這麼棒的旅行，多麼幸福！而幸福不只來自於旅行，更來自這麼棒的你們。

▲完美的旅伴們！

◀窗外的美麗的墨爾本，
我們會想念妳。

美麗的澳洲，期待再見！

　　一連串的預期之外的行程，讓我們回到最後一夜下榻的飯店又是晚上八九點，彷彿在跟我們道別，墨爾本下起雨來，蕭颯的風帶來感傷的氣氛。今夜入住三十七樓的日租公寓，擁有兩房一廳、設備齊全的小廚房，與可以眺望都市的無敵夜景。一路採購的蔬果食材再度由老公與友人接掌料理任務，把澳洲特有開著小白花的菜葉、紫色小蘿蔔、綠櫛瓜、黃色飛碟瓜、波特大菇、巨無霸大蔥、超甜地瓜與當地產的雞肉燉煮成溫暖的蔬菜火鍋。

　　在他們忙著將porter house牛排煎出適當熟度時，我則整理著最終的行李。四個登機箱、四個背包，我們輕輕地來，也要輕輕地離去。

　　要帶上在南墨爾本市場買的手工皂、巴羅莎的鮮烘咖啡豆、阿德萊德的古董木藝品、提爾巴小鎮的蜂蜜奶油、雪梨的鴕鳥蛋乳液，就要捨棄其他的東西。我開始丟掉衣服、毛褲、雪靴、野餐墊、咖啡濾杯、環保餐具……換取空間把澳洲的回憶帶回台灣。人生也就是這樣不是嗎？總會有新的記憶和新的體驗等著我們，捨去不需要的，才能迎接更美好的。

　　女兒湊過來看我丟東西……
　　「媽媽這個雪靴我還想穿！」「這件毛衣我還穿得下！」兩個小傢伙反而依依不捨。
　　我向她們解釋，靴子經過半個月的跋山越嶺，鞋底都磨破了，衣服的袖子早已太短，趕不上快快長大的她們。而未來的人生，她們陸陸續續會遇到

▲每天，都有不一樣的顏色，都會永遠記得。

▲飛越澳洲大陸。等我們，未來一定會再相逢！

更適合她們的，衣服如此，鞋子如此，就連人與人之間也是如此，合則來，則珍惜，但不合，則需要學會捨的智慧。

和七歲小孩講這些，好像太複雜了？都怪今天下午那片海，特別到讓我忍不住思考人生的道理，心靈彷彿被注入某種平穩而釋然的力量。坐上餐桌，五個人有說有笑享受澳洲最後一頓手作晚餐，把澳洲味道滿滿的塞進胃袋，滿足中帶著些許離愁。

美麗的夜景，美味的晚餐，美好的旅行，最愛的家人摯友……儲備滿滿的正能量，我們都準備好回到各自的工作崗位上繼續努力。

累了，卻不忍心睡。

難以置信半個月就這樣過去，看了好多、玩了好多、走了好多，全都是前所未有的體驗，雖然累，卻非常、非常滿足。

謝謝旅行中陪伴的一切，美麗的澳大利亞，再會，再會。

陸媽小叮嚀：

旅行結束，難免不捨。

返回台灣的漫長飛行途中，請帶著孩子回憶這次旅行的點點滴滴，無論是美好的、驚險的、荒謬的、遺憾的、難忘的……都是一家人共同經歷的回憶，也是最珍貴的紀念品。

攜手走過的親子自助旅行，不但緊密連結起家人的情感，更能讓孩子擁有寬廣心胸，勇敢面對未來更多的挑戰。

這個旅行結束了，而下一場旅行，正在未來等待……

第三章

哇「澳」番外篇——澳洲的
食、衣、住、行、育樂全攻略

第三章 哇「澳」番外篇——
澳洲的食、衣、住、行、育樂全攻略

【食】在澳洲

飲食消費約是台灣三倍

在澳洲，想要天天上館子、吃餐廳，口袋可要夠深才行！

「7-11」是我們台灣的好厝邊，熟悉的招牌讓人好放心，但是一進去澳洲7-11看到商品的標價，發現跟台灣差很大！一個三明治要五元澳幣（NT.120），蛋糕甜點都四到六塊（約NT.100~150），咖啡依大小分為三、四、五塊澳幣，餅乾飲料大約都是台灣兩到三倍的價錢，份量雖然大一些，價錢還是不親民。

餐館的部分，以義大利麵餐廳為例，在台灣多以「套餐」呈現，麵包、濃湯、沙拉、主菜、甜點、飲料，一整套平均三、四百元台幣就吃得到。但澳洲餐廳都是單點為主，麵包、濃湯、沙拉、甜點、飲料，一道平均都要五到十元澳幣，主菜則至少要十五元澳幣以上，整套加起來，五十元澳幣一餐是很正常的噢！

▲這是在澳洲當主廚的學弟Lander在自宅做給我們的高級料理，若去餐館點用，要價超過兩百澳幣！

◀位於雪梨唐人街附近的北方拉麵館，便宜美味又大碗，老闆還會現場拉小提琴呢！

「蛤…澳洲人好可憐，東西那麼貴。」如果你這麼想，那可就錯啦！

在澳洲，最普通的打工時薪都會有十七到二十元澳幣，也就是台幣四百到五百元一小時！澳洲平均收入是台灣的四倍，所以，飲食消費對澳洲人來說剛剛好，但如果賺台灣的薪水，那到了澳洲，就會覺得手頭很緊，想把褲帶也勒緊一點啦。

西式餐館不便宜，亞洲食物價錢比較合理，中國城裡的中式麵店、亞洲小吃店，一份餐大約十元澳幣（NT.240）左右，雖然吃的時候可能會想「**這碗餛飩麵在台灣只要五十元啊！**」但，在澳洲能用台幣三百元以內的消費換得一頓溫飽，已經是便宜的享受囉！

水龍頭的水可以生飲，但，要注意！

水龍頭的水可以直接喝？

我們家小姊妹倆知道這件事，非常期待，一到澳洲機場的廁所就興沖沖的邊洗手邊喝水了……（也不用急著在公廁喝吧？媽咪差點昏倒！）

剛開始喝得很開心，但一天過後，小姊妹對「水的味道」開始有意見。「媽咪這個水有怪味，我不想喝。」她們是這麼說的。至於真的有「怪味」嗎？憑良心講確實有股不知該怎麼形容的味道……姑且稱為「蛋白味」吧，像淡淡的白硫磺溫泉水的感覺。

▲路邊飲水器的水比較好喝，是親子旅行好幫手！

每個城市的水味道也有些許不同，有的帶點氯味，有的有鐵味，也許與每個地方的管線新舊有關？後來，澳洲的朋友告訴我們，即使是生飲水，當地人還是會過濾後再飲用，對於短暫停留的旅人來說，直接飲用除了味道上的不習慣，衛生方面並不需擔心！

另外，澳洲只有在人口密集的大城市的水龍頭水才可以生飲，離開市中心或郊區鄉鎮，多會使用不能生飲的溪水或雨水，需煮沸飲用，一定要特別注意水龍頭上的標示哦！

陸媽小叮嚀：

善用路邊飲水器！

澳洲政府在市區道路、公園、景點附近都設置有飲水器，水質清甜，比生飲的水龍頭水好喝喔！尋找「飲水器」成為旅途中的小任務，每次遇到飲水器，我們一家四口就會趕緊去喝水、裝水，很好玩，也是省錢的好選擇！

澳洲食物迎合孩子的胃

澳洲衛生狀況極佳，要吃壞肚子相當不容易，很適合家庭旅遊。

幾乎每個澳洲餐廳都會有以下幾種菜單：「炸魚薯條」、「牛肉漢堡」、「起司披薩」、「義大利麵」。這些菜色基本上就是澳洲人天天必吃的國民食物，就像我們的魚排飯、排骨便當一樣的感覺。內容可算均衡，漢堡肉絕對和台灣乾乾扁扁的狀態截然不同，厚實而充滿美味的肉汁，夾上許多蔬菜與乳酪，一客大漢堡的份量通常一個人還吃不完！披薩或其他速食類也多附有脆脆甜甜的生菜沙拉，兼顧澱粉、肉類與蔬菜，不像台灣的速食那麼油膩單調！

小朋友剛到澳洲都會吃得非常開心，可以天天漢堡、薯條、披薩吃到飽，根本像作夢一樣快樂！各式肉排、新鮮肥美的海鮮更是澳洲餐廳的熱門選擇，澳洲人吃海鮮的習慣就是要「簡單」，不喜歡有頭、有刺，所以小朋友也很喜歡吃。只是，在餐廳大吃肉排或海鮮，要先衡量預算，這些料理可不便宜！

◀比臉還大的炸魚排超好吃！

澳洲的炸物代表「炸魚薯條」，則是我特別推薦的方便食物！

「炸魚」使用的不是台灣那種「填粉假魚塊」，而是一大片雪白無刺的「真魚排」，肉質類似多利魚，鮮嫩入口即化，非常適合給小朋友吃，價錢也屬於「親民等級」，一大份含薯條多在十二元澳幣左右，路邊常有店家販售，可外帶到戶外野餐，到現在女兒都很想念澳洲的大塊炸魚呢！

吃膩西餐、味蕾想家怎麼辦？

出國旅行傷腦筋的是，西式食物連吃幾天，新鮮感不再，就會開始想念家鄉的美食。讓家人最不習慣的地方，就是「沒有飯」！旅行的第五天，孩子們開始要求要「吃飯」，拒絕了幾次，女兒們仍然用飢渴的眼神看著我，連老公都加入吵著吃飯的行列，只好認真思考解決的辦法。

解決之道有三：

- ♥ 一：澳洲餐館的菜單中常有燉飯（Risotto）的選項。不過又奶又濃的口味，和傳統台灣米飯大相逕庭。
- ♥ 二：找中國城或亞洲餐館，不過澳洲米多為長米，白飯常又乾又硬，炒飯又太油膩。
- ♥ 三：自己煮。

全家人一致認為，「自己煮」最符合想家的口味！

「沒有電鍋怎麼煮飯？」

在我們去超市找米的過程中，發現超市有賣「已煮熟可以快速加熱食用」的「白米飯真空包」，一人份約兩元澳幣（NT.50），拿來炒飯很方便，也可以自行調整米飯理想的濕度再微波加熱，簡單煮幾個小菜配熱騰騰白飯，一家人圍桌吃飯，超有家鄉味呢！

令人驚喜的「隱藏版」便宜美食排行榜

雖然澳洲的飲食消費是台灣的三倍，但卻也隱藏著很多比台灣還便宜的美食驚喜喔！而這些秘密，都藏在大賣場、市場與農夫市集裡……

★比水還便宜的牛奶

「天哪！是標錯價了嗎？」

第一次在超市看到牛奶的價錢時，懷疑自己是不是眼花了？一公升，只要……一塊錢（NT.24）！？比水還便宜？台灣一公升牛奶通常要八十元啊！

後來在公路上遇到滿、山、遍、野的牛群後，就可以理解牛奶這麼便宜的原因。牛都快比人多了吧？澳洲的牛群放養在純淨的草原間，吸收大地的精華，濃厚的奶味中帶著青草的自然香氣，真的很好喝喔！如果是喜歡喝牛奶的家庭，推薦你們跟我們一樣，「把牛奶當水喝」，健康又省錢！

不過，牛奶也有很大的價差，大賣場一公升一塊錢，小商店卻可能賣到兩塊半甚至三塊錢！建議多比價。另外，如果擔心保存問題，別忘了準備保冷袋，或者，喝快一點！我們家一罐一公升的牛奶半天就喝完，根本來不及壞！

▲肉類、蔬菜、乳酪、牛奶、麵包（和葡萄酒），輕鬆解決均衡的一餐！

★超高CP值的牛排、羊排、袋鼠排

「這些肉排的價錢……是真的嗎？」

第一次站在超市的肉品冷藏櫃前，一樣感到傻眼！沒錯，這個道理跟牛奶一模一樣。

奔跑在原野裡的牛羊和袋鼠啊！我們感謝你們！

雖然這麼說很抱歉，但澳洲肉品的CP值真是超級高！即使物價是台灣的三倍，一般的沙朗、菲力等部位，售價仍比台灣便宜一點。最超值的則是「丁骨排」或「羊肋排」，承襲澳洲人飲食不喜歡有刺、有骨的習慣，一大塊二十盎司的丁骨大牛排低於十澳幣，特價時甚至五六塊錢就買得到！丁骨牛排在台灣可是高級食材欸！

其實「骨邊肉」特別鮮嫩好吃，所以如果旅館有廚房，推薦各位可以在超市、市場選擇便宜美味的肉類回來料理，只要簡單煎到焦香後撒鹽，就是高級餐廳的美味。郊區的汽車旅館，大多會附設戶外瓦斯烤肉區，大火烤過的肉排更是香氣逼人！同樣的食材，在澳洲餐廳點用的價格就非常高囉！

◀利用旅館附設的瓦斯烤爐，每個人都可以是米其林大廚！

▲來澳洲一定要多試試台灣吃不到的蔬果喔！

★五顏六色又新鮮的在地蔬果

　　我們去的季節是澳洲的冬天，幾乎每個超市、市場都有草莓、哈密瓜與蘋果的特價，碩大的草莓一盒兩澳幣，哈密瓜半顆也是兩澳幣！澳洲本產的甜脆蘋果兩顆一澳幣，品質看來比台灣好，價錢還更便宜，所以我們幾乎天天吃蘋果、草莓跟哈密瓜！

　　澳洲人喜歡吃生菜，很多台灣高級超市才有的沙拉菜葉在澳洲則非常便宜，台灣吃不到的甜型細長胡蘿蔔一大把只要兩塊澳幣，原本不吃生菜的小姊妹們在澳洲愛上生吃菠菜嫩葉與紅蘿蔔，這也是旅行的收穫之一。不過，蔬果也不是樣樣都便宜，要買到新鮮又超值的產品，除了選擇澳洲本地產商品之外，購買前還是要花點心思多多比較！

◀義大利麵（一袋一元用了半袋）、丁骨牛排（一塊特價7.99）、生菜沙拉（1.5），全部加起來才十元澳幣左右（NT.250）！

★只要澳幣一塊錢的鮪魚罐頭和義大利麵！

「一塊錢！一塊錢！幾乎都只要一塊錢！」

逛超市罐頭區時，忍不住被貼滿整個貨架的「1.00」的標價吸引住。

什麼罐頭這麼便宜？

是鮪魚，而且是各式各樣口味的鮪魚！天啊！這真是太神奇了，我從來沒見過單一品牌的鮪魚罐頭可以擺滿一整個貨架的，澳洲人對鮪魚的創意無限，薑汁、海鹽、番茄、煙燻、辣椒、酸豆……至少有幾十種口味，全都看起來好好吃，而且好便宜！真想搬個一箱回台灣，這拿來煮義大利麵超方便！

說到義大利麵，大賣場的義大利麵也幾乎都是一大包一塊錢，還不到台灣的一半價格。誰說在澳洲不能省省吃？如果真的想省錢，半包義大利麵加上一罐鮪魚罐頭，就可以做一頓美味餐點，這樣還花不到兩塊錢呢！

陸媽小叮嚀：

善用大賣場、市場，享受在地食材的烹煮樂趣，其實在澳洲的「食」，可以健康美味又便宜。coles、woolworth這類大賣場，價格透明實在，是尋找便宜食材的最佳去處；而市場、農夫市集，則可以看到農人的用心，買到新鮮農產品，自己做菜，不但可以兼顧全家人的均衡營養、讓孩子挑選想吃的食材，還能守護荷包的安全，遠離水土不服的窘境喔！

▲撿垃圾桶的食物然後搶食打架的貪吃鳥讓小姊妹看傻了眼

小心！可愛的貪吃鳥就在你身邊！

哈哈！讓人又愛又恨的「貪吃鳥」，其實就是澳洲到處可見的海鷗！有一句成語叫做「人為財死，鳥為食亡」，絕對不適用於澳洲，因為身在動物天堂的海鷗再怎麼貪吃，依舊沒有天敵，活得白白胖胖、開心又強壯！

澳洲各地的戶外用餐區都是海鷗的大本營，隨時有好多海鷗虎視眈眈、盤旋飛舞，看到吃剩的食物立刻衝下來搶食，根本是海鳥界的黑道！只要餵一隻來討食的海鷗吃東西，接下來就會有愈來愈多的海鷗來到你面前，用呆萌無畏的眼神直視著你──手中的食物！步步進逼，將你團團圍住，直到所有食物吃完，你再無利用價值為止。所以，在市區的戶外以及有標示「不可餵海鷗」的地方也千萬別餵！

儘管如此，女兒們還是非常樂意和這群「貪吃鳥」當好朋友，只要我們在海邊、戶外野餐，她們就會忍不住偷餵海鷗，唉！雖然助長了海鷗們的氣焰，害牠們愈來愈貪吃，但是……我們也看得好興奮呀！「白胖可愛的海鷗萌萌地從手上叼走食物」這畫面，是令人融化的療癒時刻。

小心貪吃鳥就在你身邊！但，如果你不介意的話，就請和牠們共享一頓開懷大笑的有趣野餐約會吧！

【衣】著澳洲

澳洲天氣真奇妙，七月暑假冬天到！

澳洲和所有位於南半球的國家一樣，有著與北半球相反的季節變化。十二月到二月為夏季，三月到五月為秋季，六月到八月為冬季，九月到十一月則是春季。因國土廣大（澳洲面積：7,686,850平方公里，大約是台灣的213.6倍），各區氣候不同，北部接近赤道，天氣較暖，南部各州則較為涼爽，各大旅遊都市平均最冷月均溫12到16度，最熱月均溫24到26度，都在舒適的範圍，終年溫和宜人，尤其適合在台灣的寒暑假去玩！

我們的寒假，是他們的夏天，也是澳洲的旅遊旺季，碧海藍天、沙灘豔陽，正好驅走那時的寒氣。而台灣的暑假，則是澳洲的冬季，冷涼舒適，正好能遠離台灣熱爆的酷暑，這種特別的天候條件，非常適合在孩子放長假前計畫一趟親子旅遊！

陸媽小叮嚀：

若想在暑假前往澳洲，建議選擇八月，此時冬末春初，氣溫漸漸回暖，非常舒服，保暖衣物、禦寒用品僅需適量準備，孩子們也可以擁有完美的暑假尾聲。而若要在寒假前往澳洲享受陽光，那麼薄外套、遮陽帽、防曬用品一定要帶好，澳洲暖陽的紫外線很強！

◀姐姐喊熱、
妹妹喊冷，
真難伺候！

一日現四季，洋蔥式穿法

　　雖然澳洲的平均溫度聽起來很舒適，但，每天的天氣變化卻像是個捉摸不定的少女，常常上一秒露出陽光燦爛的笑容，下一秒忽然板起冰冷的臭臉，偶爾多愁善感的哭起來，哭完卻又對你露出溫暖舒服的微笑……但無論這個少女多麼難搞，你都不會討厭她，因為這就是她有趣的地方，多變的風貌讓澳洲更顯豐富迷人。

　　八月的墨爾本，八度到十五度，卻因溼度而顯得格外冰冷，早上寒風刺骨，中午就算在陽光下還是想拉緊圍巾，夜晚下起綿綿陰雨，凍入骨子裡；八月的阿德萊德，十度到十七度，冷涼和煦，天氣乾爽穩定，一件薄長袖、一件大衣就可以搞定。而八月的雪梨，十度到二十多度，早上穿著毛衣外套出門，中午卻被太陽曬到想去買件短袖（而且路旁的服飾店真的還有賣短袖），下午兩點開始後悔自己怎麼沒帶防曬用品出門（真的會曬黑），傍晚卻又忙著找圍巾……

　　「在澳洲的冬天旅行會不會很辛苦？」
　　不會的，比起好熱好熱的夏天，我還是喜歡冷涼的天氣。在這樣多變的氣候條件下，最適合的「衣著需求」就是「洋蔥式穿法」。

▲穿著夾腳拖與大衣吃冰淇淋是一種時尚！

　　冬天，行李裡面一定要多備幾件長袖上衣與保暖褲，再帶一件厚大衣，清早出門可能穿三件長袖、兩件褲子，到中午脫到剩下一件上衣、一件褲子，視天氣狀況搭配外套，晚上則要再加上毛帽、圍巾禦寒。夏天，則是短袖外加一件薄外套，一來換洗只需洗貼身輕便的衣服，二來也可以有更多的彈性面對未知的氣候狀態！

陸媽小叮嚀：

我們家整天在穿脫之間打轉，也因此，小姊妹倆常常以古怪的服裝造型出現：大衣毛褲配夾腳拖、短袖上衣配雪靴……諸如此類，身為母親的我都有點汗顏。不過，能兼顧保暖與舒適是最重要的。美不美？真的只是其次了。

家庭長途旅行，衣服能洗很重要

「行李輕量化」的首要條件是衣服不要帶太多，但較長時間的自助旅行，「洗衣」這件事就會變成大麻煩，攜家帶眷的親子之旅，髒衣服累積的數量和速度更是驚人的可怕！如果以帶四套、穿一套的比例來說，旅行第三到四天就一定要找到可洗衣烘衣的地方，否則全家會變成臭臭鹹魚乾，那可不妙。還好，澳洲是個對「洗衣」非常友善的國家！

原來，旅館房裡可以有洗衣機？

這件事在訂房時就令我嘖嘖稱奇！「房內附有洗衣機、烘衣機」被清楚列在公寓式旅館的「特色」上，所以我將這類可洗衣的住宿點刻意安排在旅程中，算準時間每三到四天可以洗一次衣服。

到了澳洲，才發現也許是自助旅行的風氣盛行，不只公寓式旅館有提供房內洗衣服務，就連其他郊區旅店、汽車旅館、葡萄園農莊，多備有「洗衣房」，洗衣機、烘衣機、洗衣粉一應俱全，大多「免費使用」，少數須付費購買洗衣粉！

▲「公寓室旅館」附設在房間浴室中的洗衣機與烘衣機

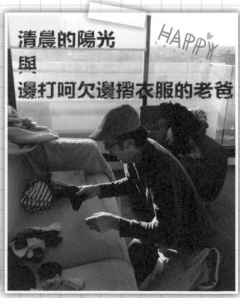

▲看著落地窗外的墨爾本風景折衣服，也是一種幸福！

據說澳洲為了街道整體美觀，陽台不建議晾衣服，因此烘衣機成為必備家電。這真是造福旅人，尤其是攜家帶眷、衣服量爆表的家庭客。試想，晚上在房內邊洗衣服還能邊吃飯休息，睡前幫孩子穿上烘衣機烘暖的乾淨睡衣，折好衣服在香香的氣味中入睡⋯⋯簡直太讚了！

 【住】進澳洲

澳洲VS台灣，住宿習慣大不同

只要訂完房就沒事了嗎？

不不不，澳洲的住房規範有些地方和台灣大不同，親子自助旅行要特別小心，可不能出錯哦。

・郊區的旅館五點後可能無法check in！

澳洲郊區的風景總是一望無際、幽靜美好，常常開車許久還看不到一棟房子，很多美麗的精品田園旅館都會坐落於廣闊的原野間，有超棒的視野、完善的房內設備與合理的房價，但⋯⋯這也代表荒涼而人煙稀少！旅館畢竟是營業用，主人很少住在裡面，房務人員通常身兼數職，整理房間、櫃檯接待都做，八點上班、五點準時下班，如果你在他上班時間之外來投宿，很可能會撲空、無法住宿。

這件事是我們在旅程的第二天入住雅拉河谷的葡萄園旅館時發現的，好在那天我們四點多到，五點就發現櫃檯阿姨準時離開，整間飯店就只剩我們，有問題完全無法提問。隔天退房時再詢問她，阿姨特別提醒我們澳洲郊區旅館大多如此，五點關櫃檯。我們也趕緊為此修改後來的行程，趕在五點抵達郊區旅館。有一次因行程延誤而遲到半小時，打電話拜託櫃檯人員等我們，對方雖然客氣的說沒問題，但我們一到，拿完鑰匙，他立刻下班飆車離

▲入住田園裡的精品旅館，雖然人煙稀少卻有無光害的夜空

開，害我們非常不好意思。澳洲人很重視自己的上下班時間，所以入住前請務必確認櫃檯服務的時間噢！

澳洲「大型飯店」前檯多為24小時服務，「公路汽車旅館」也至少會服務到晚上十點，如果行程會玩到比較晚，請選擇可以夜晚check in的旅館類型！

・與台灣的入房/退房時間不一樣

在台灣旅行，很習慣「下午3:00後可入住，早上11:00（或12:00）退房」這樣的旅館規範。不過澳洲很不一樣！退房的時間很早，幾乎每一間都規定十點，甚至有九點就必須交回鑰匙的！這真令我吃驚，難道澳洲人特別早起嗎？後來發現，澳洲的入住時間也比台灣早，下午兩點就可以，甚至有些旅館是中午後就可以入住，也難怪要早早請客人離開。但我仍然覺得，如果當地人想來到渡假旅館放鬆身心徹底休息，卻必須起個大早趕著退房，豈不是很煞風景？這個部分，台灣的旅館有比較親民噢！

・澳洲比台灣快一到二小時

延續上題，如果要在九點前退房，媽咪們大約需要提前兩小時起來準

備，才有可能準時出發。也就代表家長應該七點左右就要起床整理自己、整理行李再整理小孩，才不至於手忙腳亂。另外，要提醒大家，澳洲跟台灣有時差，雪梨、墨爾本這些東岸城市，早上七點，其實是台灣的早上五點！所以記得要訂鬧鐘，免得睡過頭囉！

・不提供一次性盥洗用具

澳洲的環保意識很強，所有的飯店、民宿、大小旅館，通通不提供拋棄式的牙刷、梳子、棉花棒、髮夾這類小物喔！浴室裡會有固定式的沐浴乳、洗髮精，大多也提供浴巾，但是私人盥洗用具如牙刷、牙膏一定要自己準備！如果真的忘記帶，放心，便利商店都買得到。

陸媽小叮嚀：

其實，就算在台灣旅行，我們也會自備盥洗用具，從不使用拋棄式的牙刷與備品，我覺得這是教育孩子「環保概念」的重要時刻，地球只有一個，讓我們以身作則愛地球吧！

·請自行攜帶室內拖鞋

　　旅行時為家人準備一雙夾腳拖鞋是我的習慣，外出方便，也可以兼顧環保，不使用旅館拋棄式的室內拖！但真的是還好有帶，因為澳洲所有的旅館別說是拋棄式的室內拖了，連一般可重複使用的拖鞋都沒有。我覺得有點奇怪，木頭地板也就算了，但旅館幾乎都是深色的地毯，要客人直接赤腳走在無法洗滌的地毯上……好像不太乾淨？我老公卻告訴我，以他在國外看到的經驗，外國人習慣在室內還是穿著鞋子，上床前才脫掉，很少需要室內拖鞋。不知道是真的假的？總之，為了自己在旅館內的舒適，別忘了準備一雙輕便的拖鞋，台灣時尚「藍白拖」就是很棒的選擇！

·多為淋浴而少有浴缸

　　澳洲的水資源並不豐沛，所以不提倡盆浴，幾乎所有的旅館都只有淋浴設備，對於攜帶兒童的家庭略顯不便。尤其在好冷的冬夜，淋浴的方式愈洗愈冷，很想給小孩泡泡熱水，於是詢問旅館是否有兒童浴缸可以借，但都沒有。所以如果特別想要浴缸的家庭，有訂房前記得詢問，甚至在行李箱裡放個臉盆帶出國也不錯。我們家大女兒兩歲跟我們出國時，真的自備臉盆呢！行李箱先放個便宜的塑膠臉盆再收衣服，不會很佔空間，回國前沒需要就可以扔了它。

▲在公寓式旅館裡可以自己動手做一頓簡約卻愜意的早餐

·免費鮮奶、咖啡、餅乾與廚房用具

澳洲旅館附贈的咖啡包都是黑咖啡粉，所以大多提供「加咖啡用」的「免費鮮奶」（兩瓶左右）！旅館鮮奶有各種包裝：玻璃瓶、鋁箔包，也有做成奶油球的形式，但裡面都是鮮奶成分。習慣之後，女兒們衝進旅館的第一件事往往都是尋覓罐裝牛奶，再配上房裡貼心附贈的小餅乾，就成了一頓輕鬆午茶。

有附廚房的旅館，也會備有全套鍋碗瓢盆甚至烤麵包機，晚上別忘了買條吐司和奶油回旅館，隔天早上就可以在房內享受一頓簡約節省卻愜意的早餐。這也是澳洲旅館讓旅客感到貼心的特別之處！

·幾乎每個旅館都有葡萄酒杯

哈哈！把這點特別列出來有點好笑，但這真的令我蠻開心的！我想這一定跟澳洲人非常愛喝葡萄酒的民情有關，悠閒的夜晚小酌一杯紅酒豈不是很浪漫？所以提醒大家，既然來到「葡萄酒主要生產國」旅行，別忘了好好放鬆心情，享受在旅館小酌的樂趣！

▲必備的酒杯以及廚房調味品

【行】遍澳洲

搭乘國內廉價航空，你一定要知道的事

・澳洲國內線的機票一定要提前預定

澳洲國內的航空公司很多，有頂級的也有非常平價的，上網搜尋「澳洲國內航空」，就可以得到琳瑯滿目的資訊。不過澳洲國內的航空公司價差非常大，同樣是墨爾本飛往阿德萊德的單程機票，票價從49澳幣到700澳幣都有，價差竟超過上萬台幣！如果沒有經濟考量，當然可以隨心所欲訂購，但是我家一次就要買四張票，說什麼也要把預算壓低再壓低！

澳洲較知名的廉航有虎航、捷星、亞航，努力比價並且實際搭乘後，覺得「虎航（Tigerair AU）」性價比高，飛機環境也不錯，女兒們非常滿意（訂票方式與注意事項已在前面第一章裡分享給大家），重點是一定要提前預訂！以墨爾本飛往阿德萊德的單程機票為例，起飛前一周以上預定，幾乎都會遇到單程五十元澳幣左右的驚人折扣（每天的折扣依平假日會有不同，可多搜尋比價，特價航班時間可能較早或較晚），起飛前一天預訂，票價就會漲兩到三倍，變成一百多澳幣，起飛當日訂購，票價更會變回原價兩百至三百澳幣之間！同樣一班航空，早鳥優惠實在差太多，手腳可別慢了！如果順利訂到49澳幣的特價票，又不需多加託運行李、餐點，那這趟一個多小時的飛行，比搭高鐵從台北到台南還便宜啊！

・搭乘廉航（虎航）超重要的注意事項

登機前72小時內要「預先辦理登機(web check in)」並「列印登機證」！虎航為了減低人事成本，機場櫃檯幾乎沒有人員，若不預先網路預辦登機，現場會多收取「一張票25澳幣」的登機手續費！

最晚請務必在登機前一晚，先用手機APP或住宿旅館的電腦，找到虎航官網、輸入訂購編號，預辦登機。一張票要辦一次，辦完後，再向旅館表示要「列印登機證」，這真的很重要很重要！旅館都會很樂意借住宿的旅客使用印表機，務必要先列印完成。

有了這張列印好的登機證，抵達機場後就不用到櫃檯排隊，不只可以省下高額手續費，連行李都可以經由行李機電腦掃描登機證條碼而直接check in，省時省事又有VIP般待遇。

· 至少提前一小時到機場才安心

如果「未預先列印登機證」的旅客，至少要提前一小時抵達，因為會大排長龍喔！

如果「已經印好登機證」的旅客，官方資料是：起飛前四十分鐘關閉行李託運服務，起飛前十分鐘關閉登機門。起飛前四十分鐘到達機場時間就頗足夠！因為你只要秀出列印的登機證就可以一路暢行無阻，甚至完全不用出示護照，可直接託運行李、進入候機室，直達登機門前。如果沒有託運行李只有手提行李那更方便，三十分鐘前到都很充裕！

還記得我們家發生過登機前迷路的慘劇嗎？當時抵達機場時只剩二十分飛機就要起飛，一路拼命直奔登機門，終於在關門前衝進飛機上，超驚險！卻也深深感謝網路預辦登機證的便利省時，挽救了我們瀕臨危機的旅程！

· 機上吃外食？廉航規定，務必看仔細

有的廉航會規定禁帶外食，例如酷航就會廣播「禁止食用非機上販賣的餐點」，但是，真的很抱歉！我們從台灣帶了排骨便當上飛機吃……嗚嗚，請原諒我們！小朋友會餓嘛！雖然溫柔的空姐並沒有制止，但是我們還是有在飛機上點餐和紅酒。酷航的飛機餐點不便宜，連水都要四塊澳幣（NT.100），相較之下泡麵很便宜（5塊澳幣左右），所以旅客們都狂點泡麵。

　　虎航則沒有明確規範，我在機上看到不少乘客吃著自己帶的零食，不過我們也有加購餐點喔！因為虎航的餐點以澳洲消費來說還蠻便宜的！三明治、洋芋片、飲料、甜點，一整個套餐才十五澳幣，想一想很合理，就訂了。附帶一提，虎航機上雜誌販售的的老虎娃娃與兒童小物讓女兒們為之瘋狂！價錢也不貴噢！

▲對不起！我們不應該在飛機上邊看冰雪奇緣邊吃炸排骨便當！

・手提行李的超重費好貴啊

　　是的，手提行李在登機門前會測量重量，超過七公斤可能叫你付費（但差一點點還好），超過十公斤一定要付費，而且很貴！我們遲到那天，行李櫃已關，來不及託運，只好將行李手提上機（還好我們的行李箱都是登機箱的規格）。一度以為登機門即將關閉，地勤人員可能不會認真量重量，但錯了！不但量得十分精準，還要另外去一個櫃檯辦理麻煩的超重付費手續。

　　萬萬沒想到此件行李重達十四公斤，被收取四十澳幣左右的超重費！我們一個人的機票才四十九澳幣，行李超重就花四十澳幣，超重好貴呀！建議網路訂票時可以直接購買託運行李，或在預辦登機時加購，一件託運行李預購多加十幾元而已，並不貴，然後務必在起飛前四十分鐘、行李託運關櫃前抵達！

・班機的誤點或取消

　　聽說有不少例子是飛機誤點到半夜機場關閉時間後，航空公司就直接宣布取消、把乘客趕回家且沒有配套措施的例子。

　　「天啊這聽起來實在太可怕了！」真的！可是，發生的機率真的不高。看待這樣的事情，我認為不用預設負面立場，提供一個解套的辦法：「不要訂太晚的飛機！」白天，飛機就算誤點，也頂多延遲，不會因為機

▲走出停機坪登機的感覺好狂野！

場關閉而必須取消航班。家庭旅行的飛行時間安排早一點，也才有完整的時間玩樂，不是嗎？

・廉航的登機門總是最遠

對我家來說，廉航一切都好，就是登機門太遠，給人一種「貧富差距」的感覺。偌大的國內航廈，無數的登機門，但最遠的那幾個永遠歸虎航與捷星使用！不過為了省錢，就咬牙多走點路吧！抵達廉航登機門，你也會發現這一區最多人！其實澳洲本地人大多搭乘廉航，這區特別熱鬧，甚至會有行動餐車販賣食物與飲料，頗有市集的歡樂氣氛。

陸媽小叮嚀：

走向廉航登機門的長途跋涉常常讓女兒抱怨連連，沒有預算限制的家庭，或有較需照顧的幼兒、老人的家庭，建議乘坐非廉航體系的航空！但願意體驗廉航趣味的家庭，廉航其實有很多驚喜，登機方式也特別，大多直接從航廈樓梯走出停機坪再步行上飛機，好好玩！省下的機票錢也是為數不少的零用金呢！

租車自駕樂趣多

• 家庭旅行租車自駕的優點

▲看到孩子們在後座沉沉入睡的小臉，疲倦會一掃而空。

　　家庭旅行絕對推薦租車，因為超值、省時、方便、有自己的空間。澳洲租車價格幾乎比台灣還便宜，可先由各家租車公司官網試算價格（我覺得沒有比較便宜而且都是英文），或直接透過國際租車網的系統比價（費用與車款會由低到高排序，容易控制預算，而且有中文網頁，資訊亦可參閱第一章）。網路預訂時別忘了選擇取車的地點，建議「直接在機場取車、還車」，這樣連機場往市區的交通費都可以省下來。

　　澳洲計程車、大眾交通的費率約是台灣兩到三倍，一家人一起參加一日來回迷你旅行團的費用真的很高、很驚人！自己開車可以節省很多時間與金錢。

陸媽小叮嚀：

攜家帶眷的行李總是雜七雜八一大堆，如果有自己的車，就像多了行動小套房，不用拉著行李跑來跑去，小孩也可以在車上午睡、吃點心，想停就停、想走就走，深度體驗澳洲的風景，大大提升旅行的品質！

· 務必選擇知名度高的國際租車網站

如Rentalcars.com、cars.flyscoot.com......全世界都服務，值得信賴！

租車手續非常簡單，費用也都是透過網路刷卡，現場不會再收取任何額外費用，安全有保障，也含有基本的保險。但是，租車網上每個租車公司提供的保險、配備內容都不太一樣，如果你非常仔細謹慎，建議詳細閱讀。

· 租車公司比一比：（以下為個人使用後之經驗比較表，僅供參考）

提供三家實際體驗過的租車服務			
	價格	車況	陸媽經驗談
east coast	合理	優 （車輛新）	1.服務嚴謹、租車規範多。 2.網路價只提供最低的理賠，意外需自己再另加賠錢。 3.需用信用卡預扣100元澳幣的押金，且需扣留一個月，較為不便。
Budget	合理	佳 （車齡較短）	1.取車手續簡單快速、規範不多。 2.租車費用已內含車禍意外保險。
ACE RENT A CAR	較低	普通 （車齡較長）	1.價格較別家租車公司便宜。 2.車齡可能較長，但仍十分好開，以性價比來說很划算。

▲以上各家租車公司狀況可能隨時不同，請依實際情況為準。

▲三間不同的租車公司，行事風格與規定都不同，
但車都很好開！

· 手排與自排之分一定
要看清楚

同廠牌、車況，手排
的租車費用會比自排便宜
一到兩成，但若不黯手排
的駕駛，租錯了可就麻煩
了，請小心。

· 六歲以內，別忘了租借安全座椅

如果小孩是六歲以內，建議租用！但我們的孩子是七歲與八歲，不知道
該不該加？詢問現場服務人員，他們瞥了小孩一眼，搖搖頭，所以我們就都
沒有加裝兒童安全座椅。若對此很在乎的家長，建議事先查詢澳洲汽車加裝
兒童座椅的相關規範，若像我們一樣攜帶較大的小孩，可以到租車公司現場
請櫃檯人員協助。

· 所有相關憑證及證件千萬要帶齊了

護照、國際駕照、台灣的駕照，網路預約的訂單，都要備好。

護照、國際駕照、預約訂單，都是在取車時需先出示、影印、建檔，但
三家租車公司都沒有檢查我們的台灣駕照，還是建議攜帶，因為租車規範有
提醒「可能」會檢查。另外，所有要開車的人都須準備國際駕照，還有最重
要的，務必列印預約租車「有訂單編號」的憑證。

· 建議取車時再申請「兩位駕駛人」資格

若要再增加一位駕駛人，不用在網路預約時先申請，可取車時加購。網路
租車，多一個駕駛人要多十到二十澳幣的費用，但現場三家租車公司都「免費
升等」給予我們「兩位駕駛」的服務。所以建議取車時現場詢問即可。

▲重視生活的澳洲人，遊艇是很多家庭的必備交通工具

‧澳洲是右駕，「圓環」特別多，請小心、小心、再小心

右駕需要一點時間適應，「看右邊」、「慢慢開」是新手上路的兩大原則，通常一天後可以稍微熟悉，三天後就得心應手了。

另外，澳洲的交通還有一個陷阱要先提醒大家，那就是：「圓環」。圓環有什麼難的，台灣也有圓環啊！話是沒錯，但澳洲鄉道大多使用「圓環」替代紅綠燈，所以入圓環是沒有交通號誌的，加上我們左駕的行車習慣，進入圓環會不由自主地往左看。

▲還不熟右駕邏輯時，進圓環真的很緊張！

錯了！記住進入圓環要先看右邊！看右邊！看右邊！我雖然一再提醒自己，但仍有好幾次搞混先看左邊，差點因此車禍！現在想起來還覺得天神保佑活著真好！左駕慣性需要花時間調整，如果還不習慣，乾脆進圓環都先停一下比較安全。

· 中文發音的Google Map，導航不迷路

　　拜科技進步之賜，有了Google Map大神，幾乎是不太可能發生迷路的事件了。只是手機導航雖然好用，依然不是萬能，假設手機沒電、設定錯誤、網路不通……也還是可能會迷路！但排除上述因素，Google Map的導航能力經我們在澳洲半個月實地測試後，認定為「極好用！」沒有一個地方找不到！超強！只要輸入目的地，就會有清楚的路線，可以依照喜好選擇鄉道或國道而行，指令簡潔清楚，還是熟悉的國語，超親切！（記得使用有中文發音的手機）

· 市中心需特別留意道路規範

　　人口密集的市中心常會有與眾不同的道路規範，墨爾本市中心因為電車網太密集，汽車行駛規範複雜，有很多單行道、禁止轉彎道，最奇怪的是「汽車要待轉」，就像台灣機車待轉這樣。但馬路上沒畫待轉區，什麼燈號可以轉？該怎麼待轉？根本讓外地旅客完全一頭霧水，如果前面有前車可以跟隨那還好，如果只有自己要轉彎時，真的會很尷尬……結論是：如果只在市中心活動，還是搭電車比較輕鬆。

・養成油箱半滿就加油的好習慣

澳洲的油價貴嗎？

其實還好，比台灣略貴一點，但差不了太多，比較特殊的是澳洲採取浮動油價，會算入運輸成本，所以每個加油站的油價都不同，愈偏遠的郊區油錢愈貴，所以請盡量在市區加油。有時鎮與鎮的距離頗遠，如果進行長途公路旅行，請記得油箱半滿時就加油，不要等油箱見底才找加油站，萬一卡在路邊，澳洲的道路救援是天價，你不會想用到的。

・過路費很便宜，請放心行駛

澳洲的高速公路採電子收費，租來的車上都配有像台灣ETC的電子付費系統，可以放心行駛。

有的人習慣避開付費道路走鄉道，導航也可以做此設定，但我們家認為這不是很貴的大錢，不需要為此增加行程的變數，需行駛付費道路時一律照走，想說租車公司會在還車時結帳，應該貴不到哪裡去吧？說也奇怪，還車時，租車公司並無收取此費用，後來在信用卡帳單上也沒有看到過路費的扣款。總之，付費道路並不多也不貴，家庭旅行可以放心走，不用刻意避開。

・路邊停車要注意

在繁華大都市的市中心，停車是不方便的！停車位、停車場不難找，但費率很貴。路邊停車格一定要先在收費器內預先投入足額的停車費，如果預先支付一小時的費用，請務必在一小時內回去取車，只要超過付費時間，很快就會被開罰單！我在墨爾本曾超過三分，就差點被開單，是用「和交警賽跑」的速度阻止這張罰單的。

建議住市區的日子可以使用旅館停車場，或有和旅館配合的停車場，通常是付一個固定費用就可以一日不限次數進出，這樣比較划算。一旦離開市區，郊區的停車非常方便，幾乎不用付費。

·真的會撞到袋鼠

市區沒有（廢話），可是郊區真的有可能！到處都有小心動物的標示，只要看到這些標示，都請放慢行車速度。尤其黃昏開始就是動物的活躍期，入夜後，當地人很少出門。

我們這趟旅行遇到最多動物的地段就是越過新南威爾斯州，要進入維多利亞州的海岸公路沿線。說是海岸公路其實也只是離海較近，道路還是在森林間，一路上看到數以百計的袋熊、袋鼠、小鹿、鳥類，但遺憾的是，牠們都不會動了……也遇到袋鼠從面前跳過去，還好車速不快有煞住，但全車都驚聲尖叫！十分驚險！

總之，若是空曠草原的郊外，不用擔心，動物不會從平原裡忽然出現，只會躲在森林裡，若在林道間行車，務必保持專注、車速不要太快，保護小動物，更保護自己噢！

▲小心！袋鼠、袋熊出沒ing！

陸媽小叮嚀：

手機導航必備物品：充飽電的導航專用手機、澳洲網路卡、行動電源，預先下載好Google Map程式。有了這些應該就可以在澳洲暢行無阻，根本不需要跟租車公司租用衛星導航喔！

另外，澳洲租車都是「取車滿油、還車滿油」，還車前務必要加滿油，否則會被額外收費！

 【育樂】寓教於樂

「邊玩邊學」的正確心態

不要為了教育意義而讓旅行陷入危機！

旅行本身就是最棒的學習。旅行過程中遇見的人事物，對孩子、對我們來說都是第一次接觸的新鮮事，每天從睜眼開始，無時無刻在吸收新知，這些拿來當「夏令營」的收穫就已經很足夠，不須刻意安排太明顯的教育活動。真要安排「學習」，記得不要太困難，不要給孩子太多要求，逼孩子「一定」要使用外語、認讀英文，若強制孩子在短時間內接納陌生的語言，反而容易引發排斥的反效果。就算孩子的英文沒有明顯的進步，也會在這次旅行中發現外語的重要，對於引發孩子未來學習英文的動機一定有正向幫助。

若有準備作業，例如小日記、學習單，也請在有餘裕、孩子精神好的時候完成，以引導、誇獎代替責罵，別為了「教育」而掃了「玩樂」的興。

▲旅行中，任何新鮮事都是學習！

旅行中最簡單的教育其實就是「放手」，讓孩子「自己生活」。

現代家長太習慣幫孩子準備一切，拿我在大學任教的經驗來說，有好多成年的大孩子，放假時從來沒有自己搭大眾交通工具返鄉，總是父母親身接送，理由是「擔心安全」。假期結束後，父母親送回校，行李竟然還是媽媽幫忙收的，東西沒帶就順口把責任推給媽媽，以至於孩子完全不會認路、不敢獨立、對生活的適應能力很低，凡事依靠家人，漸漸失去謀生的能力。「媽寶」的養成，母親要比孩子負更大的責任。

旅行中適度的放手，可以養成小孩獨立面對各種事物的能力與勇氣。

生活中，這些事可以交給孩子自己來

（一）整理行李

自助旅行剛開始的前兩天，我每天早上起床收拾行李，發現我一個人像傭人一樣忙進忙出，孩子們卻呼呼大睡完全幫不上忙，心裡愈想愈不對，憑什麼一定要我幫你們做？連忙把收拾行李的規矩改成「每天晚上睡前自己必須整理好自己的行李」。孩子雖然有點抱怨，但盥洗完畢（讓孩子靠自己洗頭、洗澡、刷牙是很基本的噢！）準備入睡前，她們會在我的引導下花短短的時間選擇自己明天要穿的衣服，收好髒衣服，放入行李箱並且整理整齊，帶著「完成任務」的好心情入睡。

其實，孩子總丟三落四，頂多只幫到10%的忙，父母還是必須再巡視，90%都要由父母整理，但是這是訓練他們邏輯思考的大好時機。哪些先？哪些後？哪些要用？哪些不用？行李可不是塞進去就好，天天要用的日用品，像是盥洗用具、梳子手帕，該怎麼裝才不會破掉散落？該怎麼放才好拿？衣服怎麼收？塞成一團還是一天一天分開裝？內衣褲、襪子、睡衣，是否要分開？這些事沒有固定的答案，也不需要強制孩子一定要照著自己的方法，可以讓孩子保有自己的整理邏輯，若他們因為自己的分類方式感到不便，他們便會思考如何改善，這絕對是生活的重要練習，也是現今許多孩子缺乏的能力。

▲粗枝大葉的妹妹，做料理時卻像變了一
個人似的，非常謹慎

（二）動手做料理

「會燙到吧？」
「會切到手吧？」
「太危險了孩子不適合」……

沒錯，這些都可能發生，所以一開始需要父母全程的陪伴與引導，孩子也只能像玩耍一樣，分擔一小部分的料理任務，而非真的自己煮好一餐。

但，別小看孩子！當他們會熟練地堆疊積木、拼拼圖甚至完成頗有難度的勞作時，代表手腦協調已達到相當程度的發展，絕對有能力享受料理的樂趣。

「廚房」不是禁區，是「生活」最重要的地方，自己動手料理的食物是最美味的。現在很多年輕人對廚藝一竅不通，也許跟父母的過度保護有關？讓孩子進廚房絕對不是什麼高危險任務，我的女兒們從三四歲就開始自己調麵糊烤餅乾，只要有適度的引導，孩子們的能力遠超過大人的想像，也許做料理比扮家家酒還好玩呢！

至於料理的前置作業，例如：清洗食物、分類食材，適合年紀較小的孩子。六歲以上的孩子就可以加上練習打蛋、攪拌、用塑膠刀切菜、簡單幫忙拌炒、創造菜單……這類略具難度的工作，想想食材可以怎麼組合、變化出什麼樣的料理？這些對於孩子來說都是有趣的活動，也會提升他們的小肌肉發展、手眼協調與創造力。

再大一點的孩子，可以進行更複雜的烹煮任務，像我七、八歲的女兒，削果皮、煎蛋、煎肉排、炒青菜、拌義大利麵、分菜給家人……都是可以自主操作的廚藝。但切記一點！父母必須在旁陪伴，盡量以引導代替幫忙，有極大的困難才出手相助，學習信任孩子，更別忘了多給予鼓勵與肯定。

鍋子燙？孩子就會格外小心，養成謹慎的個性；不知道怎麼煮？孩子就會開口問，養成親子間良好的溝通與互動；挑食？孩子就會為了喜歡的口味與配色做出獨創料理，無形中培養對生活美學的感知，最後，全家一起圍桌吃飯，享受同心完成的餐點，這絕對是最美好的天倫之樂。

（三）練習拍照

科技發達的現在，手機成了最方便的工具，拍照、上傳社群，是現代生活的一大樂趣。孩子對於3C產品都很有興趣，用手機拍照，就算對於年幼的孩童來說也沒有太大的困難，但我的意思並不是讓孩子擁有一支手機，或一直玩手機！我很不喜歡「手機／平板教育法」，孩子不應該盯著Youtube影片吃飯、坐車，在這個年紀最重要的還是要用眼睛看世界，幫助孩子與3C產品保持適當距離是父母的責任。

我贊成的是讓孩子試著用家長的手機／相機練習拍照，雖然把手機借給小孩是一大冒險，但可以看到他們的視角拍下的畫面，是很有趣的事。透過孩子拍的照片、關注的重點，可以感受到他內心的風景。

▲女兒幫爸媽拍的浪漫合照！有小攝影師真好！

▲雪梨的地鐵購票機，但買了半天不
能買，發現停止營運了。

除了拍攝孩子有興趣的題材，在許多重
要時刻，也可以邀請孩子擔任「攝影師」，
幫父母拍下難得甜蜜的合照，孩子會樂於幫
忙，除了能從父母、他人的掌聲中得到肯定
與成就感之外，也可以藉著取景、構圖、審
視照片等等過程，培養美感、增強觀察力，
這都是生活中潛移默化的美學教育。

（四）自己點餐、買票

如果孩子已經成熟到可以為自己下決定，那麼父母可以試著讓他們開始自
主選擇、學會對自己的選擇負責。點餐、買交通票、遊樂園門票……等等不難
的動作，都很適合讓孩子練習獨立處理，家長只需在旁陪伴、引導即可。

知性、有意義的行程安排：選「意義」不要選「名氣」

帶著小孩到底該怎麼玩？去國際級的遊樂園？動物園？水族館？還是博
物館看展覽？我想，這題答案的選擇重點在於：「哪個地點對你家成員較
具意義？」

父母常常會陷入一種迷思：非去知名遊樂園不可，非去某個有名的景點
不可，但在選擇行程前我會先思考，是否有必要去這個景點？如果孩子對迪
士尼樂園帶有很大的期待，父母本身也是迪士尼的鐵粉，想到要去迪士尼、
能貼身接觸卡通偶像明星，就會開心的尖叫～全家非常期盼在樂園裡度過美
好的假期，那「迪士尼」這個地點便具有很重要的意義，會是旅行中重要的
一站，一定要選！相反的，如果孩子沒有主動提出想去迪士尼，父母也對這
類遊樂園抱持可有可無的心情，甚至對玩遊樂器材興趣缺缺，那其實可以跳
過這個選項，畢竟還有很多好玩的地方可以去，沒有必要一定要花大錢帶孩
子去最知名的地方。

旅行的意義，重要的是家人間的相處，而非行程的豪華與否。
景點的意義，重要的是遊賞後的收穫，而不是一分錢一分貨。

有許多旅遊城市像是香港、新加坡，沒有太多適合兒童的景點，「知名樂園」是家庭旅遊必去的選項，但是澳洲就很不一樣，自然資源豐富的澳洲，寓教於樂的自然環境俯拾皆是，收取門票的室內園區空間相對之下反而狹窄，來到澳洲旅行，推薦大家盡量讓孩子貼近大自然，讓澳洲特殊的風土環境為孩子帶來新的視野。

大自然是最好的教室

來到澳洲，當然不能錯過可愛的澳洲特色動物們！澳洲對於無尾熊、小企鵝、海豹這些珍奇動物明星，都以政府力量保護，除了讓牠們在保育區內安心繁殖居住，同時也提供民眾在設有安全距離的環境中接近這些可愛動物們。雖然門票不便宜，卻是難得珍貴的經驗，也是家庭旅行的行程重點！

▲雪梨貝爾明碼頭旁的小沙灘

不過，如果不想支付昂貴的門票，是否就真的看不到這些動物明星呢？當然不！只要多花點時間研究，其實可以找到很多不用門票的保育區喔！例如大洋路上有無尾熊聚集的森林、墨爾本東方的雷蒙島（Raymond Island）有免費參觀的無尾熊保育區，離墨爾本市中心不遠的海岸有野生小企鵝聚居地……都是不用花錢就可以觀察動物的好地方！若想看的動物不限於上述幾種稀有的動物明星，而是像羊、牛、馬、袋鼠這些常見的澳洲動物，那根本在郊區的田野間就常常可以發現牠們的身影呢！我們曾在阿德萊德的田野裡巧遇草泥馬，在許多人煙稀少的山坡遇見野生袋鼠……那真是很令人興奮的時刻！

▲阿德萊德的喬治動物園餵袋鼠

　　總結來說，需要門票的園區，觀賞的品質會比免門票的地方要好，動物較多、距離較近、環境較舒適，但免門票的野生區域則較少觀光客，也較能體會動物原始的生活，這些都是排定行程時須考量的地方，請選擇對自己與家人最有「意義」的方式。另外，在我們享受澳洲大自然的當下，也希望身為爸媽的我們以身作則，在探訪這些動物時，別用閃光燈對牠們拍照，別出聲驚擾牠們，不可餵食，務必與野生動物保持距離，讓牠們保有原本的生活空間。

不花錢的體育課

　　每到一個大城市，「市區觀光」是不可錯過的行程！不過走訪重要建築、地標或古蹟，可能會因為過於知性而讓大人津津有味，小孩卻興趣缺缺。如何讓孩子從皺眉喊累的狀態，忽然又變成電力旺盛的開心寶寶？隱身在澳洲都市裡，為數不少的「公園」，絕對是父母的好朋友！

▲墨爾本市區兒童公園盪鞦韆　　　　　　　　　　▲布坎鐘乳石洞露營區旁的小公園

　　大多數的澳洲公園不只有寬廣的綠地，還有設施豐富的兒童遊戲區，諸如沙坑、巨型溜滑梯、冒險盪鞦韆、繩索金字塔、飛碟式翹翹板……都是基本配備，比台灣的公園更豐富好玩許多！而郊外的公園，常常設置在風景最美之處，我們遇到好幾個位在沙灘、港邊、山坡上的公園，每當此時，我們大多會停下行程讓孩子到公園裡奔跑流汗，享受健康運動時間，父母也趁機休息一下，享受美景，如果能順便來個野餐就更完美囉！

　　特別推薦雪梨達令港旁的兒童公園"Darling quarter kids playground"除了冒險公園等級的遊樂設施、親水公園之外，公園中央還有咖啡吧，夜晚還有水舞以及燈光秀，孩子們大玩刺激好玩的遊樂器材，父母則可以浪漫的喝杯咖啡，是很棒的旅途中繼站！

▲雪梨達令港旁的兒童公園

陸媽小叮嚀：

食、衣、住、行、育樂，是生活最基本的需求，有時候可能會因為不同的民俗民情上的差異，偶爾會發生一點意外的小插曲，但藉由文化、習慣的不同，深度認識另一個國家，反而有趣。

迷路，是為了帶我們去看計畫之外的地方，那些驚險的回憶、克服困難的時刻，才是旅行的珍貴意義！

最終章

澳洲之後——
旅行的意義

最終章

澳洲之後──旅行的意義

 親愛的台灣，我們回來囉！

· Welcome home.

　　最後半小時的飛行，飛機穿過雲層，以看得到陸地的高度飛進台灣上空，飛越藍色海洋，進入綠油油的田園與繁華都市。我努力辨認腳下的城市，分不太清楚這裡是哪裡？很少有機會這樣看台灣，和地圖上很不一樣，胸口暖暖的，有種安穩的心情。回家了！這裡是我們的家，我們的綠色小島──台灣。

　　飛機微微震動，降落在桃園機場的跑道上，我忍不住緊緊的握住女兒的手，女兒們也對我回以瞇起眼的燦爛笑容。

　　「歡迎回家，寶貝！」我低聲說。

　　「媽咪，我想家了。」大女兒的眼神有種期待。

　　「我回家第一件事就是要抱海獅！」

「我要抱我的比鴨鴨被被！」小女兒插嘴。兩個女孩出國最放心不下的就是從小陪著她們長大的布偶跟被子了。

「虎虎，你回家要跟海獅做好朋友喔！」大女兒對老虎布偶溫柔叮嚀，差點在澳洲機場弄丟虎虎的驚嚇讓她整趟飛行都緊緊抱著牠。

「袋袋、小可愛，你們也要乖乖，要習慣台灣的生活囉！」小女兒叮嚀著從南墨爾本市場被帶回來袋鼠母子和小無尾熊娃娃。

這群可愛的「澳洲移民」們！歡迎加入我們一家四口的生活！也謝謝你們的家鄉，澳洲，給我們滿滿的美麗回憶。

・用家鄉美味解思鄉之愁

步出機場，大口呼吸，晴朗的天空、悶熱而濕潤的空氣。問孩子們：

「你們聞，台灣的味道香不香？」

「不～～香～～」、「臭！」兩個女兒紛紛回答，我跟老公忍不住笑倒。

真的不太香！空氣裡有臭臭的雞屎和廢氣味道，應該是因為附近的田園剛好在施肥，然後機場附近車很多的關係吧？

「媽咪，我的汗流出來了！」莉塔姊姊大驚！經過了半個月南半球乾燥冬季氣候，她幾乎忘記自己瘋狂流汗的體質。

「好討厭喔！我好希望台灣是乾的喔！冬天什麼時候來啊？」姊姊一邊擦汗一邊抱怨。

把大包小包的行李搬上自己的車，回到左駕的駕駛座上，反而不是很習慣。沿著導航開出省道……

「嘩～～有風車！風車！」「這裡的風景好漂亮！」女兒興奮的貼著車窗大呼小叫。

呼～台灣還是有其厲害的自然風光！經過新竹的風力發電廠，綿延數公里的巨大白色風車錯落在海岸線旁，隨手拍照都是如明信片般的好風景。海、天、風車與夕陽，畫面安靜又壯麗。

「台灣只要沒有房子的地方都很美。」老公打趣的說。

搖下車窗。濕熱的風呼呼地吹進車廂之中，是南國的氣息。天空呈現迷人的橘紅，晚霞灑落在海平面泛著點點金光，大大的太陽準備沉入台灣海峽，這畫面好熟悉、好美麗！這裡是我們的家鄉，我們愛的土地，雖然凌亂卻親切，缺乏章法但自由自在，人們親切熱情。東西便宜美味、到處都好吃好玩。

想到吃，忽然餓了起來。

「晚餐想吃什麼？」我問家人。

「我要炒飯！」「我要蛤仔湯拌白飯！」「我想吃炒螺肉配啤酒……」

「就找一間很台的熱炒店吃晚餐好不好？我要吃菜脯蛋和炒空心

菜！」我提議。熱炒、鹹酥雞、滷味、肉燥飯……這絕對是我們的鄉愁啊！

「沒問題！前面右轉下交流道！」老公俐落的打了方向燈，雨刷卻瘋狂刷了起來……

愣了一下，全家立刻爆笑。

「爸比你忘記我們回台灣啦？」女兒嘲笑老公。

「還要適應一下嘛……」老公無奈地抓抓頭。

「等一下我要吃超多炒飯！」「我也要，好想念白飯喔！」女兒在後座雀躍地扭動著。我伸個懶腰，轉轉僵硬的脖子，心情放鬆後，沉重的疲憊感忽然襲來，吃完飯後，我一定要回家泡個澡，再好好大睡十個小時！真的，想家了。

・珍惜近在眼前的無限美好

原來，旅行，除了發現異國的美好，其實也在學習珍惜自己的家園。我沒有經歷過長期的國外生活，所以無法體會雲遊四海的漂泊遊子是否會想家？但我只知道，旅行結束，有個地方在等待自己歸來的感覺，真的很踏實。

帶著護照通過自動通關系統，電腦螢幕顯示的那句「歡迎回國」，具有讓人安心的魔力，熟悉的語言、熟悉的人種、熟悉的街景，堆積出自在隨興的生活態度。這裡是台灣，無論是美是醜，都是我們深愛的家園。

「你們想住在澳洲還是台灣？」

「澳洲！」「台灣！」大女兒跟小女兒出現不一樣的回答。

「澳洲不會流汗，我喜歡澳洲，還喜歡貪吃鳥。」大女兒解釋。「但是住的話還是我們家的床最舒服啦。」

「我要住台灣！我要吃白飯！」小女兒開始胡鬧，「我要找比鴨鴨被，我要回家看電視，吃完飯我要立刻回家……」

我微笑地聽著後座的吵嚷，看著眼前海天一色的廣闊畫面。小小的台灣，承載著兩千多萬個人生，是我們大大的家園，回家真好！

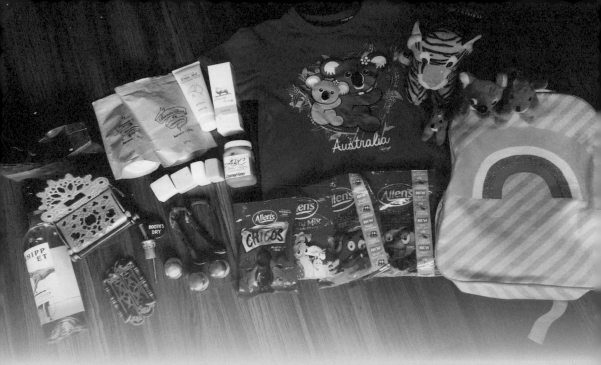

 ## 100分的「暑期夏令營任務」

・最珍貴的戰利品

　　回國後，一邊整理包包和行李，一邊檢視所有的戰利品……奇怪，我明明沒買託運行李，小小的行李箱怎麼還能塞下這麼多伴手禮？我實在太會收納了！

　　「才不是你會收咧，媽咪，是因為你把我們的東西都丟了！」大女兒冷冷地吐槽我。

　　這倒是真的，為了取得行李空間，我一開始的「輕量化行李策略」就是：「只帶覺得可以丟掉的東西出國」，回國前把我和女兒的衣服（太舊或人家送的）、兩雙靴子（有點太緊而且磨破）、旅行用碗筷（百貨公司贈品）、野餐墊（信用卡贈品）、沖咖啡的濾杯（39元）……都留在澳洲，甚至要丟女兒的愛靴前還跟她們溝通了很久：

　　「有捨才有得！那靴子已經太小，而且穿這麼多天前後都磨破、鞋底也快掉了，要學會適時說再見，有需要時我會再幫你買一雙，我保證！」

總算是孑然一身的回到台灣，還附帶幫女兒上了一堂「人生哲學課」，呵呵。

　　看著鋪滿一地的「澳洲紀念品」，我把女兒叫到跟前。

　　「寶貝們，妳們覺得我們從澳洲帶回來的東西裡面，最珍貴的是什麼？」

　　女兒們很認真地開始研究，小女兒無法抉擇要選毛毛蟲軟糖還是水壺，大女兒倒是緊抱著虎航的老虎娃娃，非常專一的把「最珍貴獎」頒給牠。

　　「那你們覺得，媽媽心中最珍貴的東西是什麼？」我問女兒。

　　「乳液？」小女兒肯定的回答，「媽咪妳買超多乳液！」

　　「很抱歉！不是，那些全都是要送人的禮物……」為了答謝許多親朋好友的照顧，伴手禮是一定要買滴！

　　「可是媽咪妳又沒有買什麼。妳這次連酒都沒買回來。」大女兒搜索著戰利品們，一臉疑惑。

　　「我知道了，媽咪最珍貴的……是回憶！」小女兒說出如此文青的官方回答，害我差點笑倒。

　　「差不多了喔，妳看看這堆紀念品裡，什麼最像回憶？」

　　答案呼之欲出，兩個小姊妹一秒猜中：「是這個！」

　　沒錯！最珍貴的，當然就是女兒們一路親手寫下的「旅行小日記」。

▲兩姐妹不忘在飛機上寫日記

拿出兩姐妹的日記本⋯⋯

「來，我們來讀讀看妳們寫了什麼？」

先打開姊姊的日記，大女兒自己唸著。我看著她戴眼鏡一副小文學家的認真神情，眼眶微微濕潤⋯⋯

孩子，妳長大了。媽咪好捨不得妳長大，好想一輩子都可以像這樣，坐在妳面前聽妳用嫩嫩的嗓音讀日記。

▼姐姐的日記

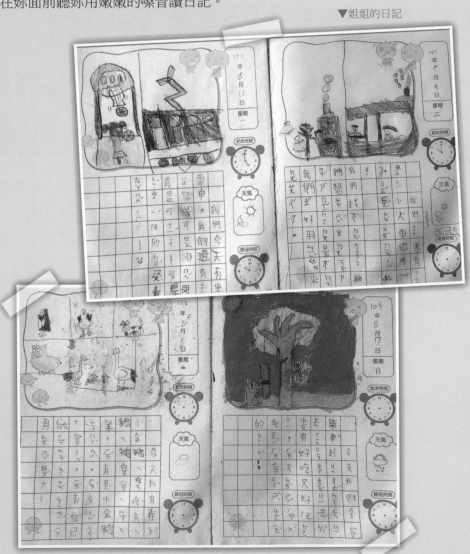

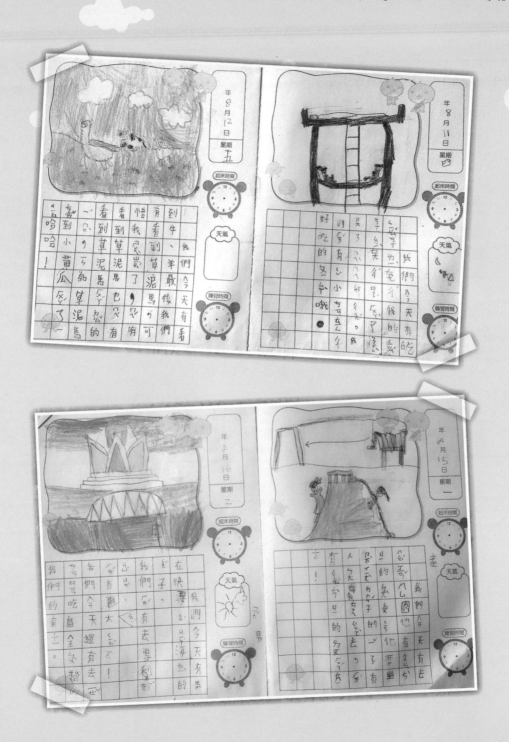

調皮沒耐性的妹妹，出乎意料，日記完成度頗高，不但認真地用生澀注音記錄生活，文章也充滿童趣。對於上下鋪非常滿意的她，只要睡到上下鋪的房間就一定會寫下，而且幾乎每一篇都寫到巧克力，再美的風景，對妹妹來說都敵不上吃到巧克力的竊喜。

和孩子一起讀日記，再次回憶當天的行程、釐清途中遇到的問題，我也從她們的視角，看見孩子心中的「旅行」。想到剛出發的前兩天我仍須催促她們拿出日記與畫筆，到第三天以後她們主動拿出小日記寫下心情，利用旅程中零碎的時間：飛行途中、用餐後或入睡前，笑嘻嘻地畫著寫著。我想，她們在寫作的過程應該是快樂的吧？

為了不增加她們的壓力，一路上我完全沒看她們寫的內容，所以有很多錯別字，也有沒塗完顏色的地方。也或許正因為不用「檢查」與「訂正」，孩子們並不把「寫日記」視為苦差事，愈寫愈順手。

▼妹妹的日記

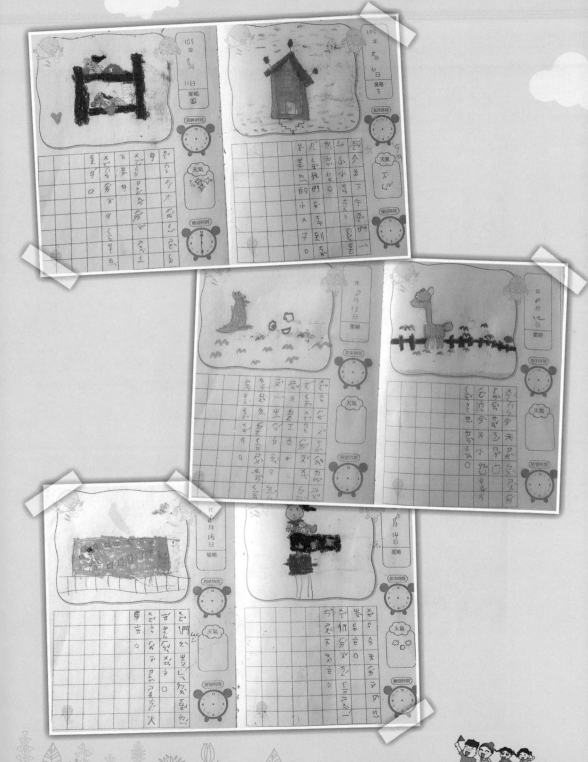

我向來主張不給小孩壓力，快樂學習，所以將升小一、小二的姊妹倆至今沒有上過安親班也沒補任何學科，要完成這麼多篇圖文並茂的文章，真的不容易！我不禁想：「旅行」是讓她們進步飛速的原因吧！？

兩本圖文並茂的可愛小日記，是再多錢都買不到的無價珍寶。「暑期夏令營任務」完美達成，媽咪給100個讚！

 ## 旅行歸來後的分享與回饋

・精打細算帶來的爆量回憶

旅行結束，生活回歸正軌，「日常的小火車」又開始忙碌運行，但小火車跟以前不一樣囉！充飽電的小火車，跑起來衝勁十足、效率驚人！

玩夠了，暫時沒有力氣想再去想玩的事，大人打起精神全心面對家庭、工作的挑戰，孩子們也順利開學，課業上了軌道。就這樣忙碌了一陣子，發現……根本沒處理旅行的照片！

　　爸比的相機與媽咪的手機加起來有超過五千張照片，要做有系統的分類，確實很不容易。但是如果就這樣置之不理，可能就會變成塵封的回憶，實在可惜！所以，我們決定找一個美好的周日，全家同心協力一起整理。

　　媽咪我準備了一頓簡單卻豐富的早午餐，把筆電拿到餐桌前，全家開始邊吃邊看，討論每張照片的重要程度是該捨還該留，竟然花了四小時都還沒看完。隨著照片，彷彿又回到旅行當下，每一個畫面都凝聚當時的心情，又想起所有旅行過程的驚喜：住過的旅館、吃過的美味料理、經過的風景、令人印象深刻的地方、與當地人溫暖的互動，全都寫在照片裡。

　　「我們寫小日記，爸比用照片寫大日記。」小莉娜妹妹說。文青的成份愈來愈濃了！

　　全家人團聚的周末，沒有豪華行程，沒多花一毛錢，卻像上了一堂豐富的旅遊講座一樣收穫滿滿，天南地北的亂聊，聊著聊著，聊出我們的「剛剛好哲學」。

　　女兒問我：「媽咪，你在旅行計畫的封面為什麼要寫『一家四口的貧窮自助冒險』，我覺得我們玩得一點也不貧窮啊？」

　　「妳仔細看，那個『貧窮』我已經劃掉，改成精打細算了噢！」

「精打細算是什麼？」

「就是……玩得很節省！租車租便宜的，機票買便宜的，沒有多餘的預算可以shopping，真的很想很想買才能買！住宿的地方如果一天住貴的，另一天就要住便宜的，如果吃了一間高級餐廳接下來下一餐就要省錢……」

「聽起來真的好窮喔！」小女兒面露難色。

「不過你們會覺得我們的澳洲之旅玩得很窮嗎？把晚餐剩菜做成隔天的便當、住在背包客棧裡……這些？」我要她們試著回憶旅行點滴，想知道這樣的節省是否造成旅途中的不快。

「不會啊，全部都超好玩的！」小女兒非常給面子。

「我覺得……我們玩得……剛剛好！」大女兒下了一個很棒的結論。

沒錯，就是剛剛好。

・「剛剛好」的旅行哲學

貌似貧窮卻一點也不匱乏的「剛剛好哲學」：旅行不一定要安排多豪華的行程，錢買不到真正的快樂，所有的一切，「剛剛好」就好。

錢，帶剛剛好就好。食衣住行，也是剛剛好就好。

比起高級餐廳，庶民美食才是難得的體驗；比起每天穿著名牌，舒適自在的搭配才能走更遠的路。比起五星級大飯店，可以在戶外BBQ的公路旅館反而令人印象深刻；比起搭計程車，免費電車才能更貼近城市的軌跡。

我們一家四口的十五天澳洲自助之旅，橫跨三大城市、數千公里，總花費最後落在十九萬台幣，吃喝玩樂樣樣不缺，平均一人的旅費不到五萬元！不便宜，也不貴，一切「剛剛好」，還附帶爆量的回憶。

從旅行中學習：孩子的 10種成長＆父母的10大體悟！

・行萬里路，用眼睛看世界

「讀萬卷書，行萬里路。」古人的名言提醒我們，讀書與旅行，都重要。那為什麼特別強調「請帶孩子旅行」？

成長的過程，除了自發性的閱讀之外，父母與學校會不停地給予孩子各種理論性的知識，國語、台語、英語、數學、物理⋯⋯還有無窮無盡的補習！這些生硬的科目可以獲得高分，但也可能僵化孩子靈敏的感受力。讀書，原本為了累積知識、促進思考，但說坦白點，大多時候是應付考試。行萬里路，才能真的把所學的知識融會應用，才能由自己的眼睛出發，閱讀世界。

▲拍完照後記得把貝殼放回海灘，帶走美麗的回憶就夠了！

▲用愛與陪伴，劈開生活的阻礙

出國旅行，尤其是自助旅行，可以體驗不同地區、不同文化、不同種族、不同語言的人們的真實生活。所有交流，無論是實質或心靈上，都唯有實際踏進異國的土地才能感受。

　　眼界開了，格局便廣，青蛙離開井底方知海納百川，視野不再狹隘，心胸自然恢宏大度。

・旅行給孩子的10種成長禮物

一、打開眼界，敞開心胸接納多元差異
面對不同的文化差異，許多人因為不懂而害怕排拒，若自小養成寬廣的眼界，自然也會有超越常人的博大胸懷。

二、鍛鍊思考，活絡體制教育下僵化的頭腦
很多知識絕非坐在電視或書桌前可以獲得，讀萬卷書的獲益，還得靠雙腳走過才能真實應用。

三、增加感知，學會站在別人角度體驗與感受
原來世界不是繞著我轉動？減低自我中心，更能站在別人的角度為人著想。

四、克服困難，養成冷靜思考與危機處理能力
旅行開始後就不能因受挫而吵著要回家，如何面對危機、與之抗衡並突破困境，是對心理素質極為重要的訓練。

五、正向思考，勇於接受挑戰不怕冒險
旅行不可能一直想像失敗，反而會一直期待接下來的美景，即使辛苦仍有趣，理解這個道理有助正向心理發展。

六、充滿熱情，期待探索新事物而非依賴3C

若沒有及早養成走出戶外的習慣，現代人很容易受科技產品制約，旅行可以徹底改變宅在家打電動、看電視的惡習。

七、細心謹慎，穩健擔負自己的責任

孩子總是粗心大意，但旅行中一旦遺失任何人、事、物，往往便是永別，因此能自發性養成謹慎的習慣。

八、顧全大局，養成周全思考規畫的人格特質

家庭旅行不是一個人的事，如何確保家人安全無虞、完善規畫群體活動，必須全方位思考，這也是重要成功特質。

九、累積幸福，刻劃童年家庭記憶

在旅行中緊緊相伴，感受到「家人」、「親情」與眾不同的力量，旅行的過程更能留下大量有形無形的珍貴記錄。

十、生命渺小，珍惜感恩浩瀚宇宙

飛行在廣闊的天際，才能感受到自己的渺小與地球的偉大，對環境會更願意盡一份責任，珍惜得來不易的生命。

· 父母在旅行中的10大體悟

旅行總是充滿意外，但只要有足夠的EQ，挫折就可以轉化為前進的力量。旅行結束，讓我們檢討自己，用愛心、耐心、小心，劈開擋路的木頭，眼前的路會更寬廣平坦。

一、迷路不怕

不要想著「我迷路了」，只要想著「趕快找到路，加油，我做得到」。提醒自己下次要再提早一點出門，再做多一點功課。

二、生氣不罵

一二三四五！靜下來慢動作數到五，壓下滿口想罵人的台詞，心平氣和慢慢說才能解決誤會，理性而良好的溝通才不會幫彼此的關係埋下未爆彈。

三、少看缺點，多想優點

看照片的時候，媽咪忍不住批評爸比這張拍得不好，但是莉塔姊姊卻說：「可是另一張拍得很好啊！」這句話提醒了什麼？
改變「只看缺點」的壞習慣！先想優點，再看缺點，會少掉很多批評！對於孩子更需要以正向誇獎取代負面語彙。

四、同心協力、化解危機

旅行中充斥各種突發狀況，我們因行程延誤而需摸黑在山路中開夜車，其實非常危險！但……既然發生了，就想辦法解決。開車不是司機的事，怎麼做會比較安全？同心協力一起注意車外狀況，果然化解危機。美好旅行有待家人共同經營，共同創造回憶。

五、不要衝動的東方美學

遇到已預定卻不滿意的狀況,如車況略有出入、房間陳設和照片不同……等等,該怎麼做?

先評估是否會對旅行品質造成嚴重影響?若是,請爭取自己的權益;若否,退一步海闊天空,有失必有得,累積善緣,減少負能量,正能量自然就會增加!

六、重視心靈的獲得而非物質的滿足

別讓孩子習慣「想要就有」的生活,由奢入儉難,「控制物欲」很重要。對於孩子在物質上的要求,我盡量和她們溝通,不會通通拒絕,但是真的需要才買,並且適時讓她們知道父母賺錢的辛苦,希望孩子能對父母,甚至對整個世界懷著感恩、珍惜之心。而這點當然要從父母自身做起噢!

七、用眼睛看世界

別用手機、遊戲來排解無聊。閒暇時間還好多事可以做!寫日記、閱讀、說話聊天……用知性的陪伴取代無感情的3C活動,才能有不受科技干擾的家庭時光。

八、用真心愛地球

在旅遊的過程中,時時留意絕不亂丟垃圾、浪費食物、節省能源,愛護動物,保護環境、減少浪費,為地球盡一份心,對生命充滿感謝。

九、英文好重要

　　這次旅行真的感受到英文非常重要！語言相通，才能深入交流，回國之後要好好鍛鍊自己的外語能力，英文是旅行最重要的工具，練好英文視野才能更開闊！

十、我來自台灣

　　最後，記得自己的一言一行都代表自己來自何方。孩子沒禮貌會被說「沒家教」，那大人沒禮貌呢？約束自己，謹言慎行，遵守國外的規範，做好國民外交，別讓自己不經意的無禮，造成別人的負擔！

　　旅行的挫折，換個角度想，正是上天給我們練習與檢討的機會。帶著孩子的旅行，責任更是遠大，危機就是轉機，藉由「挫折」養成突破困境的能力與正向思考的習慣，那才真是最大的收穫。

　　如果說「豐富的童年」，是父母給孩子的禮物，那「正確的觀念」，則是無價之寶。

　　別忘了「以身作則」！

　　想要孩子變成什麼樣的人，我們自己就先得是那個模樣的人。不是嗎？能和孩子攜手而行，共同成長，才能讓旅行擁有更多意義。

 結語

其實，不是父母陪孩子成長，孩子，才是讓父母成長的動力。

光陰似箭，能和孩子並肩而行的日子還有多長？沒人知道。感謝孩子們，陪伴我們創造無價的回憶。

旅行結束，是計畫下次旅行的開始。我們不是完美的家長，更不是要述說成功的經驗，相對的，反而想分享一個家境普通、努力生活的小資家庭勇於冒險的精神。這次旅行，我們或許有比別人多一點「什麼」，那就是：多花點「時間」來規畫，多一點「勇氣」去嘗試，留一點「空白」，讓「未知」為生命添加精彩。我們家能做得到的事，你們家會做得比我們更好。

附帶一提，老公在雅拉河谷的大松樹下撿了幾顆漂亮的松果，放在行李箱，小心翼翼地帶回台灣。原本我以為只是要拿松果來做裝飾，沒想到他做

出奇怪的行為—用烤箱把松果烤乾，松果的果實因乾燥而微微張開，他繼續從縫隙裡中挑出一些細小的種子，這些種子像小砂粒似地非常不起眼，但老公把它們悉心種進花園，現在，其中一顆種子已萌發小小的綠芽。

這肉眼幾乎看不見的種子，真的有可能長成一棵大樹嗎？我們不期待這小綠芽變成巨大的澳洲松木，卻盼望它平安成長，因為，重要的不是結果，而是過程的陪伴。

在孩子小小心靈裡植下的每一個種子，只要用愛灌溉，都會發芽。期望她們長大的時候，會對人生充滿信心與希望，能夠獨立思考、懂得珍惜感恩，看見這個浩瀚世界每一個細微的迷人之處。

謝謝曾在旅途中陪伴並給予幫助的你、妳、你們…

附錄

澳洲人友善隨和，但有些禁忌，千萬碰不得！

每個國家都有其獨特的風俗和文化。初來乍到一個新環境，唯有先了解其風俗民情，才能避免一些不必要的麻煩。

聊天禁忌

◆ 澳洲人非常講究禮貌，很注意在公共場合的禮儀，例如：他們從來不在公共場合大聲喧嘩，更不會高談闊論。

◆ 聊天的時候，話題也要注意。因為受基督教的影響，澳洲人也認為「13」、「星期五」非常不吉利，所以聊天時也要盡量避免提及。還有，澳洲人很忌諱兔子，由於兔子曾為澳洲帶來生態災難，所以他們覺得兔子是一種不吉利的動物，認為碰到兔子是厄運來臨的前兆，所以聊天也不要提及兔子相關。建議可以多談體育運動賽事、旅行等話題。

相見禁忌

◆ 儘管澳洲人很隨和，好相處，但澳洲人是非常有時間觀念的，所以和他們約會時，除了必須要事先聯繫好之外，最重要還要準時赴約，千萬不要遲到！

◆ 因為宗教信仰的關係，最好避免與澳洲人相約在週日上午，他們每週日上午，一定要上教堂做禮拜，這一點也要特別注意，以免失禮。

◆ 通常我們拍照習慣性的舉V，但是在澳洲，千萬要小心！因為，在澳洲，若是向別人做反V，亦即手心朝向自己舉V，則會被認為是極其無禮的。在澳洲這個手勢經常被用來表示違抗、蔑視或羞辱的意思，對他們來說是很大的侮辱。特別要注意，在酒吧點酒時，若要點兩杯酒，千萬不要以手心朝自己比出 "V" 字，可能會因此而造成很大的誤會呀！

◆ 在國外，當我們看到當地可愛的孩子時，總會不自主的伸出手去摸摸或捏一捏他們的臉蛋，在澳洲，這可是禁忌呀！尤其是不能拍照，因為在澳洲規定，十四歲以下的孩子，若是未經其父母同意而任意拍照，是違法的行為。

其他禁忌

◆ 澳洲和歐美不同，在澳洲大部分的餐廳都沒有付小費的習慣，只要對服務生的態度友善良好，即能得到親切的服務；若是去高檔餐廳或者特別需要額外服務的餐廳就另當別論了。

◆ 在澳洲的巴士站、郵局、銀行……公共場合的地方，排隊時，勿與他人靠得太近。在澳洲排隊時，你會發現他們彼此間不會貼得太近，好似不在排隊，儘管如此，也千萬不能插隊，這是很不禮貌的。

　　只要能夠注意上述這些澳洲人的日常禁忌，相信在澳洲一定能與人相處得更愉快，玩得也更開心。

親子玩澳洲： 交通安排＋行程規劃＋自駕樂
趣，一家四口，精彩澳遊15天，20萬元有找/ 陸
昕慈著.–初版.–臺北市：凱信企管顧問, 2019.05
　面；　公分
ISBN 978-986-96930-1-1(平裝)

1.自助旅行 2.澳大利亞

771.9　　　　　　　　　　107015240

字遊 12

親子玩澳洲：
交通安排＋行程規劃＋自駕樂趣，一家四口，
精彩澳遊15天，20萬元有找

旅行的力量有多大，親身體驗才知道！

作　　　者／陸昕慈
顧　　　問／曾文旭
編輯統籌／陳逸祺
編輯總監／耿文國
主　　編／陳蕙芳
編　　輯／蘇麗娟
美術編輯／顏文莉、吳若瑄
封面設計／吳若瑄
法律顧問／北辰著作權事務所

印　　製／世和印製企業有限公司
初　　版／2019年05月（本書為《哇「澳」，
　　　　　　旅行去！陪孩子在遊樂中成長》之
　　　　　　增訂版）
出　　版／凱信企業集團—凱信企業管理顧問有限公司
電　　話／（02）2752-5618
傳　　真／（02）2752-5619
地　　址／106台北市大安區忠孝東路四段250號11樓之1
定　　價／新台幣350元／港幣117元
產品內容／1書

總經銷／采舍國際有限公司
地　　址／235新北市中和區中山路二段366巷10號3樓
電　　話／（02）8245-8786
傳　　真／（02）8245-8718

凱信企管

用對的方法充實自己，
讓人生變得更美好！

凱信企管

**用對的方法充實自己，
讓人生變得更美好！**

凱信企管

用對的方法充實自己，
讓人生變得更美好！

凱信企管

用對的方法充實自己，
讓人生變得更美好！